只谈花香，不谈悲喜

李叔同的清风明月

沈墨雨◎著

中国华侨出版社

图书在版编目(CIP)数据

只谈花香,不谈悲喜:李叔同的清风明月/沈墨雨著.—北京:中国华侨出版社,2013.5 (2021.2重印)

ISBN 978-7-5113-3532-6

Ⅰ.①只… Ⅱ.①沈… Ⅲ.①李叔同(1880~1942)-传记 Ⅳ.①B949.92

中国版本图书馆CIP数据核字(2013)第083918号

只谈花香,不谈悲喜:李叔同的清风明月

| 著　　者 / 沈墨雨
| 出 版 人 / 方　鸣
| 责任编辑 / 棠　静
| 责任校对 / 王京燕
| 经　　销 / 新华书店
| 开　　本 / 870毫米×1280毫米　1/32　印张/8　字数/174千字
| 印　　刷 / 三河市嵩川印刷有限公司
| 版　　次 / 2013年8月第1版　2021年2月第2次印刷
| 书　　号 / ISBN 978-7-5113-3532-6
| 定　　价 / 38.00元

中国华侨出版社　北京市朝阳区静安里26号通成达大厦3层　邮编:100028
法律顾问:陈鹰律师事务所
编辑部:(010)64443056　　64443979
发行部:(010)64443051　　传真:(010)64439708
网址:www.oveaschin.com
E-mail:oveaschin@sina.com

序 言
PREFACE

在最美的红尘里相遇

是谁诵经的梵音,穿透一座喧嚣的城,模糊了霓虹,映衬了月光,折射着前世的离合悲欢,轻唤着今人的五彩繁梦。

宁静的心,可以体会莲花轻绽,落叶流芳。如果是开到荼蘼后的归于尘土,在阅尽世间的奢华百态后,仍能拥有一双清澈的眼睛。那么一缕焚香,足以让爱恨得失,如烟消散。

有一抹身影,曾迷醉过一个年代,谱写过一段传奇故事。故事的前半部,底色是华丽的花纹,内容是文艺、盛名、女人和情调;

故事的后半部，底色是青灰经纸，内容是青灯、古佛、心灵与修行。

如果将每个人的一生都炼为一段故事，有些故事平淡不惊，有些故事蜿蜒曲折。我们喜欢经历前一种，但喜欢谈论后一种。弘一法师李叔同的故事，属于后一种。

他是幸运儿，出生在盐商世家，家境富裕，很小的时候就是远近闻名的才子。长大后，他深谙琴棋书画、金石戏曲，是很多人心目中的翩翩名士。

他东渡日本求学，他引领一个时代的文化，他谱写了中国历史上很多个第一，撰写了中国第一部欧洲文学史，开创了一堂让人瞠目结舌的人体写生课，他创立了中国最早的话剧团体"春柳社"，他是中国现代书法第一人，把中国古代的书法艺术推向了极致，朴拙圆满，浑然天成。他是中国用五线谱作曲第一人，是作词、作曲的大家，也是中国最早从事乐歌创作取得丰硕成果并有深远影响的人。他是杰出的教育家，是丰子恺、刘质平、曹聚仁、吴梦非的老师……

长亭饮酒，古道相送，折柳赠别，夕阳挥手，芳草离情，都是千百年来送别诗中常用的意象。但能把送别当作歌曲传唱，让人念念不忘的却唯独是一首《送别》。它传唱几十年经久不衰，超越时空，成为朋友之间挥手相送的骊歌。

假如可以从诗性中瞥见人性，《送别》的悠扬婉转，会让我勾勒出一个线条柔和的轮廓。这支曲子，不只是他名动天下的曲子，更是李叔同即将告别人间、弃世出家的"前奏曲"。

当人生之花开至最繁盛时，他突然转身，拒绝红尘，出家为僧！任凭远道而来的日本妻子长跪寺外，他却不看一眼。从此青灯为伴、佛经在手，对物质再无需求，对人间的爱恨再无留恋，只求一方净土。

一程一段风景，一程一段了悟，于一袭破衫、一双草鞋、一捆破席中，他找到了全世界。

前半生，他像耀眼的明星，冠绝当世，才华耀人，是"二十文章惊海内"的才子，也是两个男孩的父亲和两个女人的丈夫；后半生，当他用他的涵养和浪漫折服了世界，却选择在这个时候放弃喧嚣，抽身而退，抛开红尘，跳出名利场，舍此万丈红尘而入空门。

他的生命就是一场绚烂花事，在最灿烂的花季又回归平凡，他脱下翩翩公子的衣裳，成为天地间孤寂的僧侣。

"我不敢说自己骄傲，至少，在弘一法师寺院围墙的外面，我是如此的谦卑"。孤傲如张爱玲，却也对他如此高山仰止。

芳草碧连天，夕阳山外山，闲池花落。一纸沧桑付流年，当沧海成尘，唯有传奇与文字会久远。他是千百年来的一个传奇，他是李叔同，一生一代，唯一的李叔同。

所有美丽的缘分都需要邂逅，一本好书，一段相遇，都是如此，愿每个人，都能在这本书里，读出自己不一样的今宵别梦。

目录
CONTENTS

第 1 章　儿时欢乐：曾把闲情托

1. 叹·家世显赫　_2
2. 羡·少年美好　_9
3. 苦·媒妁之言　_15
4. 气·国破之悲　_24

第 2 章　海上风情：浓淡总相宜

1. 离·南迁上海　_32
2. 思·城南草堂　_39
3. 忆·天涯五友　_46
4. 看·锦绣繁华　_54
5. 记·学业有成　_62

第 3 章　为情飞翔：不禁泪双垂

1. 悲·痛失慈母　_74
2. 去·远渡东瀛　_81
3. 汇·才华横溢　_89
4. 恋·回归祖国　_96
5. 爱·红颜知己　_103

第4章 艺术先驱：芳草碧连天

1. 学·西洋艺术　_112
2. 美·编辑画报　_121
3. 教·世纪师魂　_127
4. 唱·欢颜岁月　_135

第5章 最美莲花：今唱清凉歌

1. 染·世事浓愁　_144
2. 凝·虎跑断食　_150
3. 断·西湖出家　_157
4. 修·脱胎换骨　_166

第6章 浮生若梦：相逢有宿缘

1. 觉·皈依佛门　_174
2. 惜·现世福泽　_182
3. 念·清修戒律　_189
4. 宣·正行弘法　_197

第7章 转世再见：零落凭谁吊

1. 恨·护教经历　_206
2. 瞥·南闽梦影　_217
3. 想·最后思虑　_224
4. 梦·晚晴老人　_233
5. 笑·人生如戏　_239

后记　_245

第 1 章 儿时欢乐：曾把闲情托

1 叹·家世显赫

> 人生犹似西山日，
>
> 富贵终如草上霜。
>
> ——李叔同

百年一梦，留下多少故事烟雨中。时代的幕布下，行走着时代的棋子。每个棋局，都有几颗走出非凡路数的棋子，让人在散场后念念不忘，成为谈资。可他们内心最珍视的心灵游记，往往有着不一样的起承转合。

将历史的坐标画到清朝末年，点出一段故事。故事的大背景色调灰暗，此时民不聊生，街上的行人多带有困苦的神情，到处都弥漫着颓废与落魄的味道。乱世末期，大清帝国摇摇欲坠，民

第1章
儿时欢乐：曾把闲情托

族正在水深火热中饱受煎熬。

每个人到这个世界上来，都是一个过客，有些是为了重逢，因为前世的约定；有些是为了寻找，因为今世的困惑。在这个飘摇动荡的年代，他来了。

1880年10月，天气秋高气爽，尤其在天津这样的城市，更会感觉到空旷和闲散。农历九月二十日清晨，城市还没有睁开惺忪的睡眼，却被天津河北区李家大宅里一阵初生儿的啼哭打破了睡梦。

多年后，这个婴儿身披袈裟，成为一代旷世奇才，一代得道高僧。他是李叔同，李世珍的第三子。他是幸运的，虽生在乱世，却长在富贵之家。

李家祖籍浙江，经营盐业钱庄。到了李叔同父亲这一代，转居天津，被人称为津门旺族。他们住在天津老三岔河口，这里是南北运河与海河交汇之处，水陆交通便利，曾是天津最早的居民点，也是最早的水旱码头和商品集散地。

李世珍曾经中过举人、进士，和李鸿章、吴汝纶三人被称为清朝三大才子，颇具文人情怀。中举后，他也曾出仕做过吏部主事，可是身体里流淌着的终究不是政客的血，几经波折后，选择了辞官回家经商。

李世珍一生风流倜傥，前后娶了一妻三妾，除了正室姜氏，

3

还纳有张氏、郭氏和王氏三位侧室。大户人家最注重的就是"人丁兴旺"四个字，长子文锦是正妻姜氏所生，可惜不幸夭折，次子也是体弱多病。李世珍千万家财，生怕自己断了香火，于是在六十七岁时候娶了李叔同的生母王氏。

王氏不但知书达理，而且心性恬淡，是一个喜欢安静的女人，她喜爱佛教，是一个与世无争的人。名门望族，豪宅深深，这样的心性倒是很好地保护了自己。

李叔同出生这年，他的父亲已经六十八岁，从官场到商场，李世珍摇身一变，成为津门第一大盐商，富甲一方。为了救济穷人，李世珍曾经开办了一家"备济社"，施舍钱粮，还给没钱的子弟开办学校，所以在津门素有"李大善人"的美誉。

或许是善有善报，他不但生意如鱼得水，老天更是怜悯他，在晚年赐给他一个儿子。将近古稀之年的李世珍有了这个宝贝儿子，真是非常兴奋。

按照传奇故事的惯常规律，传奇人物出生的时候都会伴有异象。不可免俗，关于李叔同的出生，家族里也遗留下了几段传说。一则说他出生的时候出现了玉色蝴蝶，十月微寒，竟有蝴蝶落在了李家院子里，迟迟不肯离去；一则说他呱呱坠地的时候，有一对喜鹊衔着一根树枝飞进来，将松枝端正安放在产妇床头，然后欢叫着离去。真实与否暂且不去追究，可见李叔同的家庭地位之重。

第1章
儿时欢乐：曾把闲情托

到了李叔同能跑能跳的年纪，李世珍又买了一个更大的宅院，在老宅附近的山西会馆南路。整座宅院沿街而建，坐西面东，大门为"虎座"门楼，门楣上有精致的百兽图镂刻砖雕，迎面为刻砖照壁；门楼左侧为厅房，门楼和过道正上方分别悬挂着"进士第"和"文元"两方匾额。

此时的李家宅第，宽敞而气派，彰显着主家的富贵与名望。院落很大，正房厢房十几间，连仓房和走廊都装饰得非常华丽。那个时候流行西洋建筑，所以李家也装修了一个洋书房，里面摆设着当时少见的钢琴，是奥国驻津领事赠送的。在中国传统的大宅院里，弄一点洋书房之类的西式建筑，是当时大户人家的时尚，大概是为了显示主人的阔气和文明。

在天津这样一个中西文化交汇的开放城市，美丽的院落里，一个小孩在弹着钢琴，池塘的鱼儿在欢快地游着，花瓣飘落在池子里，别是一番动人的景象。

成人世界的快乐有很多标准，孩童却不然，他们心里的花朵总是开得格外容易，又格外纯洁。每次看到李叔同，就会情不自禁地想起贾宝玉，他们有很多相似的地方，都是出生时家里富贵，经历繁华，最后遁入空门。李叔同出生的时候，虽然父亲年事已高，但那时也是家里的鼎盛时期。

据李叔同的次子李端回忆说："我家曾多次来过'镖'，这应该是我家干盐务的收入,通过镖行从引地押运到津的。""来'镖'的时候,前门打开,成箱的财物卸在前边的柜房里,人出人进,热闹极了。"李家钱庄的生意也做得很大,宫北大街有专做门市生意的桐兴茂钱铺,家里还有做内局生意的桐达钱铺。桐达钱铺"柜房门前廊柱上,有木制的抱柱对联,红底黑字,上下联的第一字分别是'桐'、'达'两字"。因此,人称李世珍家为"桐达李家"。

当镖局把成箱的财物运进时,车马声喧,人进人出,由此看来,这一时期的李家已是津门有名的巨富之一了。在这种环境中成长的李叔同,却不了解什么是物质,什么是财富,小小的他只是和大人进进出出,觉得好玩而已。

豆蔻年华,逍遥而生。李叔同拥有像宝玉一样的成长环境,除了家里没有那些姐姐妹妹,权力和财富对他来说早已习以为常。李家所处位置是奥租界,父亲结交的不是达官贵要,就是外国领事,李鸿章也是家里的常客。

如此富贵家境,李叔同却并未在其中滋生纨绔习气,他却反而生出一种洞若观火的智慧,并凝练成诗。

人生犹似西山日,
富贵终如草上霜。

第1章
儿时欢乐：曾把闲情托

这是李叔同十岁左右所作的诗，从这首诗中，我们也许窥见李叔同的聪慧。虽然他还未曾入世，却能一语道破俗世的道理，他的所说所感，带着一种凄凉而苍茫的忧伤。

《桃花扇传奇》里的《哀江南》中说："'俺曾见金陵玉殿莺啼晓，秦淮水榭花开早，谁知道容易冰消！眼见他起朱楼，眼见他宴宾客；眼见他楼塌了。这青苔碧瓦堆，俺曾睡风流觉，将五十年兴亡看饱。那乌衣巷不姓王，莫愁湖鬼夜哭，凤凰台栖枭鸟。残山梦最真，旧境丢难掉，不信这舆图换稿！诌一套《哀江南》，放悲声唱到老。"这一段弹词也正和了李叔同这诗中之意。

纵然，这诗词基调苦凉。世间之事的确如此，人生短暂，犹如那白云苍狗，朝露易晞。富贵至极，也不过如秋草上霜，终不能长久。

世事万物变化无常，当繁华退却，人心经历的凄苦和寂寥，要比那草上冰霜还要凄凉。

这是一个极尽简单的道理，没有永远的衰荣，唯一不变的，只有改变。可人们却偏偏总是在有权有势的时候，贪婪地靠自己的权力，以利刃武力去制服他人，却不曾预见性地考虑到，当未来势衰运败之时的命运。

也或许，正因为这种通透的懂得，李叔同才会在后来的人生中，勇敢地放下俗世的荣辱，常伴青灯古佛。

1884年9月，李世珍患了痢疾，病势越来越重，多方求医，却不见好转，这时候的李叔同还不到五岁。

知道自己可能命不久矣，李世珍索性不再寻医问药。他和妻子都信佛，生病后经常请高僧到家里来，在病榻之前诵念《金刚经》。李世珍静静地聆听着和缓悠远的梵音，最后安详而逝，卒年七十二岁。

李世珍去世后，在家停灵七天，请了很多僧人来做法事，诵经不绝。那时的李叔同不懂生死，看见那些僧人们天天诵经，只知道这是一件很重要的事。李世珍进士出身，且做过吏部主事，又是津门巨富，因此丧礼的场面十分气派。可是叔同却不知道父亲从此将会和他永远分离，也许看着安详死去的父亲，他只是觉得那是一场长眠。

父亲在世时，他与母亲都生活得很幸福。老夫少妻的组合，母以子贵的年代，让他这个小少爷的地位高高在上。与其说父亲是权威和严厉的化身，对他而言，父亲更像是天空悬挂的太阳，或是深深大海呈现的宽广。

少年时光最难忘，是因为世界毫不吝啬地将明媚洒向了他。儿时的记忆握在手心里，被暖得发热。晨曦也不急不缓地慢慢爬上枝头，翻开下一页故事篇章。

第1章
儿时欢乐:曾把闲情托

2 羡·少年美好

【村居】

草长莺飞二月天,拂堤杨柳醉春烟。

儿童散学归来早,忙趁东风放纸鸢。

——高鼎

一方大的庭院,一个小小的稚嫩人儿,一段少不谙事的时光。我们都有这样美好的记忆,那时年少,天马行空,温暖慈爱的母亲细心呵护,天真烂漫的心没有负累,一颦一笑间都是脱不掉的幸福颜色,总以为围绕在身边的是整个世界,俨然不知愁为何物。

高枝啼鸟,小川游鱼。生在富庶之家,长于书香门第,虽然疼爱自己的老父在五岁时撒手人寰,但美丽温柔的母亲承担下所有的苦难。李叔同仍是无忧无虑的少年,玩耍嬉戏,读词赋曲,只知父亲去了西方极乐世界,那里没有忧伤,没有眼泪,有的是救苦救难的观世音菩萨,有的是慈眉善目的如来佛。

经年光景,在母亲的悉心呵护和教育下,小叔同一天天长大,挺拔了身姿,换了一件又一件衣衫,读了一本又一本书籍,背了一篇又一篇诗文。每一天,书桌前都有他摇头晃脑背诵古诗的身影。那一本正经的模样,宛如一个小大人,母亲王氏见到总是倍感欣慰。

只是他仍是少年的光景,脑子里总也挣不脱玩乐的诱惑。那一日,阳光明媚,草长莺飞,他在书房温习诗书,思绪却随着午后的阳光,飞到窗外,爬过屋檐,探进院子里的大金鱼缸。那里波光涟漪,鱼儿嬉戏。

门外传来细微的脚步声,李叔同知是母亲来看望自己了,聪明伶俐的孩童赶紧收回思绪,扬声吟出诗句"草长莺飞二月天,拂堤杨柳醉春烟。儿童散学归来早,忙趁东风放纸鸢",声音未落,母亲王氏已然来到自己身边,他如好学先生般请教母亲:"纸鸢就是风筝吧?"

他明知故问的请教之语,母亲如何听不懂其中的弦外之音。窗外正是草长莺飞的二月天气,正值爱玩年纪的孩童,一心只想

第1章
儿时欢乐:曾把闲情托

早早结束课业,随着和煦的东风把风筝来放。

看着儿子亮如星辰的眼睛,王氏含笑点了头。得到母亲允许的小叔同,连蹦带跳地跑到院子里,吵着嚷着,翻出新扎的风筝玩耍去了。

此时,他已经七岁,浅显易懂的诗词已经朗朗上口。母亲和二哥文熙知道这些诗词已然满足不了他,于是,二哥寻出了《百孝图》、《格言联璧》、《格言》等,亲自教他日课。那一篇篇脍炙人口的长文,聪明伶俐的李叔同读得津津有味,如海绵吸水般迅速吸收着新鲜的知识。文熙对弟弟的聪明很是喜欢,更视他为重振儒士家门的至宝,索性寻出《昭明文选》,逐篇讲解。

李叔同日诵百万,过目不忘,八岁开始跟着常云庄学习《文选》,九岁开始读《四书》、《诗经》、《孝经》等,并开始跟着著名书法家唐敬岩先生学习书法篆刻。到了十二岁的时候,他便开始攻读《史记》、《汉书》……曾有同窗好友更是毫不吝啬地为他作诗:"聪明匹冰雪,同侪逊不如。少即试金石,古篆书虫鱼。"

母亲也对他抱着很大的期望,庇护自己的丈夫死后,他是她唯一的希望,是她活下去的最大勇气。她把自己所有的精力完完整整地交给他,把自己所有的爱和柔情完完整整地放在他的身上,他是她的光,是她的暖,是她人间的四月天。

母亲爱他,但并没有溺爱,对他的教育也没有丝毫松懈,在日常生活中也是处处以儒家教范教化他。她谨遵"不撤姜食，不多食"的论语古训，特意在每天的餐桌上摆一碟生姜，给叔同耳濡目染的印象，她义正词严地教育叔同"席不正不坐"，她时时不忘传授"万般皆下品，唯有读书高"的思想，以知礼、守孝、诚信、尽忠、舍生取义的儒学礼仪要求他。这些潜移默化的影响，造就了长大后温文尔雅的李叔同，造就了道风仙骨的弘一法师。

日后，当李叔同已是受人景仰的弘一法师，也曾对传贯法师说："我儿童时，桌不正欲就食，母辄止曰：'孔子云，不正不食。'即将桌改移令正，然后许食。自后所有一切安排，须观端正而后已。"

只是那时他仍然没有脱去稚气，七八岁的年纪，李叔同正是爱玩的年纪。虽然他有极高的读书天分，虽然他每一堂日课都仔细聆听，虽然他每一篇长文都背诵得滚瓜烂熟，但是毕竟他只是一个小孩子，无论他多么地懂事，多么地温顺，他还是想在和煦的阳光下像风一样奔跑，像鸟儿一样欢乐地嬉戏。

在很久以后，当李叔同已经成为了受人尊敬的弘一法师，当他回忆这段乍暖还寒的时光时，自叙说："七八岁时，即有无常苦空之感，乳母每诫之，以为非童年所宜。及慈亲早丧，益感无常，悟我无理。"

严师出高徒，慈母多败儿。李叔同之母虽然也是名副其实的

第1章
儿时欢乐:曾把闲情托

温柔慈爱,但在对他的教育上却丝毫都没有松懈。他的乳母刘氏,也略知学问,能够背诵《名贤集》,在闲暇时候,总是会教他诵习:"人贫志短,马瘦毛长"、"高头白马万两金,不是亲来强求亲,一朝马死黄金尽,亲者如同陌路人"……

世间变幻,斗转星移,小叔同从生命起始的第一声啼哭,就注定了拥有不平凡的闪光,那光活泼灵动。

一日,吃过晚饭后,母亲王氏与乳母刘氏在院内乘凉。叔同蹦蹦跳跳地走出屋门,急匆匆向母亲行礼,便要出门玩耍。外面园子里伙伴们正在等他,连乳母让他接两句诗的呼唤都没有听到,直朝门口奔去。

他仍是活泼的孩童,书桌上的一摞摞书籍没有锁住他爱玩的天性。那段时光,仍然是美好得可以滴出水,读书并没有想象中的乏味,下学后的玩耍也很是尽兴,还有疼爱他、视他为宝的母亲,有养育他、慈眉善目的乳母,有陪他玩耍的伙伴,还有温顺可人的猫儿。

他在园中追逐,那花,那蝶,在夏日的阳光下肆意盎然,他陶醉在花香里,那翩翩起舞的蝴蝶刹那间使前生今世叠映交辉,一切孰真孰幻,不知是前世的记忆,还是梦中的场景。

在欢喜处,总会在不经意间发现别样的惊喜。当他行到西北角的假山处时,一声细细的猫叫使他顿住了脚步。闻声看去,一

13

只瘦骨嶙峋的虎斑小猫半蹲在假山洞里,用一双圆溜溜的大眼睛似羞非羞地看着他。小叔同被它可爱的模样倾倒,禁不住向它走近过去,猫儿也喜欢他,竟也蹒跚着向他走来。

他抱起小虎斑猫,怜爱地看着它瘦弱的模样,心知它肯定饿坏了,赶紧抱着它一溜烟地去找母亲。细心伶俐的他光顾着小虎斑猫了,直到兴冲冲地向母亲述说完自己捡到小猫的经过后,才发现母亲一脸憔悴的模样,连说话都没有力气,下床更是十分吃力。这时候,他再也顾不上小虎斑猫了,心里满满地被母亲占满,紧紧拉住母亲的手不愿放开。

但凡真心信佛之人,必有一颗慈爱之心,他是孝顺的孩子,对母亲更是十分地依赖,他陪在母亲的病床前,稍显稚气的脸上写满郑重,大有衣不解带之势,直到母亲病愈。

但那次假山处与小虎斑猫的邂逅,使他与猫咪们结下了不解之缘。家里的猫一天天多了起来,有他捡回来的,有亲戚送的,还有在树林子里乖乖向他走来的流浪小野猫。

美好如斯,照竹灯和雪,看松月到衣,他的童年,在幽静美丽的大宅中一日日度过,与书为伴,与友共玩,与母作陪,与猫相交,阳光洒满庭院,一切都简单纯粹。

第 1 章
儿时欢乐:曾把闲情托

3 苦·媒妁之言

【菩萨蛮·忆杨翠喜】

  燕支山上花如雪,燕支山下人如月。额发翠云铺,眉弯淡欲无。夕阳微雨后,叶底秋痕瘦。生小怕言愁,言愁不耐羞。

  晓风无力垂杨懒,情长忘却游丝短。酒醒月痕低,江南杜宇啼。痴魂销一捻,愿化穿花蝶。帘外隔花阴,朝朝香梦沉。

——李叔同

  谁也挡不住,青春的悸动。时光如梭,转眼李叔同已到十七岁的年纪，大好的韶华挡不住灼灼风采。他温润如玉的容颜，风度翩翩的姿态，使正值妙龄的二八少女怦然心动，而他那颗青涩的少年心，也开始有了隐含的心事，为那个嗓音婉转的女子清心、倾心。

那一年，他跟随天津的名士赵幼梅学习诗词，他沉浸在唐五代的诗词韵味中，尤对王维的诗词深深着迷，将"大漠孤烟直，长河落日圆"的大漠寂寥风光深深印在脑海，"渭城朝雨浥轻尘，客舍青青柳色新"的惜别之意也让他欲罢不能。

他深深喜欢着这位摩诘居士，纵观两人的一生，竟然有惊人的相似之处：他们的晚年都过着清心寡欲的僧侣生活，王维死后被称为一代"诗佛"，李叔同也成了受人景仰的弘一法师，并且两位都善诗词，爱书画，在诗情画意间得以人生升华。

有人说："人生在世如身在荆棘之中，心不动，人不妄动，不动则不伤；如心动则人不妄动，伤其身痛其骨，于是体会到人世间诸般痛苦。"心不动，则不痛，只是若是不痛，何以知道痛的滋味，何以珍惜幸福的香醇？痛过后，才懂得爱，才可以把红尘看破。

这一年，更值一提的是他对戏剧的迷恋。台上的婀娜身段，袅袅唱腔，都让他着迷。因为戏剧，他结识了孙处、杨小楼、刘永奎等红极一时的角儿；因为戏剧，他结识了最爱的梆子坤伶杨

第1章
儿时欢乐:曾把闲情托

翠喜。因为她,他的心开始跳动,这可能不是爱情,但却是情窦初开的甜蜜与苦涩,是抹不去的青春悸动。

才下眉头,却上心头,美人美,隔云端,犹在眼,情深深,殷难忘。

她是眉眼如丝、面若满月的美丽女子。第一次见她,她在台上,他在台下,但他的心被她整个填满,眼里看到的都是她恰如其分的身段眼神,耳里听到的都是她余音绕梁的缥缈唱腔。他深深沉醉其中,喜乐牵动,难以自拔,刹那间,一切都成了背景,她是这一场唯一的主角,待到曲终人散时,他仍痴在其中,久久回味。

不知不觉,他去后台寻了她。她刚卸了妆,穿着居家的衣衫,面容清丽。他拱拱手,叫声小姐;她羞涩一笑,唤声公子。世界仿佛定格在这一刻,一种相见恨晚的感觉油然而生,我遇到你,正值华年,但多么希望,在我少年的岁月里,你就是熟稔的存在。

他开始隔三差五去捧她的场,他坐在台下,痴痴地看,她如同挂在天上的一轮明月,皎洁的光照亮了他的心房。散场后,他在戏园子外头等她,提着灯笼送她回家。他是翩跹少年,她是妙龄少女,一路上,他们谈天说地,从诗歌戏曲一直谈到人生造诣,她的笑靥如花,洒满一路,也深深烙进了他的心底。

但你情我愿并不意味着圆满,尤其是在世俗的老宅大院,中意的媳妇应是门当户对的大家小姐，而不是在风月场里抛头露面的戏子。当母亲王氏和二哥李文熙得知他与一个唱戏的女子走得很近时，很是震惊，保守的大家庭，不需要女子的才华和性情，不需要懂两情相悦的美好，只需要门当户对的举案齐眉。

母亲开始苦口婆心地劝说，二哥更是义正词严地命令。只是，他和她之间，不只是一点点情窦初开的青涩爱意，更多的是对戏曲的痴和嗔，他放不下那段日子，那段他们边走边聊戏曲，他指点她来演的日子，还有，他在台下她在台上的日子，他放不下，她的一个眼神、一个动作，还有一点点不经意间的眉目传情。

他和母亲静静地坐着，面对母亲的犹豫，他沉默着，他知道母亲要劝说的话，只是他舍不得那戏、那人，但当母亲说出"涛儿，不要再去了……"这句话时，那沉痛的语气让他的心像被揪起来一样痛。母亲是他这辈子看得最重的女人，是第一个想要给她幸福的女人，想要对她说一个"不"字，何止一个难字了得。

命运给他出了第一道艰难的选择题，谁能懂得，他的挣扎？

终于，他哑着嗓子说："可是……母亲，她今儿唱的那可叫一个好啊。"他知母亲也是极爱看戏的，他想，就算因为这个原因，母亲站在自己这边，也是好的。

"你二哥说了，再要容你去瞧她，就要喊你叔公他们过来训你

第1章
儿时欢乐:曾把闲情托

话了……"

一句话,他知让母亲站在自己这边的愿望成了奢望。奢望,曾经以为对自己来说是一个遥不可及的词语,但现在它就在自己的身边,多么讽刺!

他走出母亲的房间,轻轻掩上房门,轻轻叹了口气。七月流火的天气,整个城都晕在升腾的热气里。他的心情恹恹的,坐在书桌旁无精打采地发着呆,突然门吱呀一声开了,一脸严肃表情的二哥文熙摇着折扇,走了进来。

他赶紧站了起来,毕恭毕敬地叫了一声二哥,李文熙哼了一声,直接坐到座位上,哑着嗓子质问他:"不是说不再去了吗?"

他没有答话,沉默着。李文熙仿佛不需要他的回答,自顾自地开始例行的训话,什么"第一重乃修身之仁,第二重便是齐家之仁,最终方能达到平天下之仁",可是这一次,他竟然说到了"宜尔室家,乐尔妻帑"。

一瞬间,他明白了二哥的意思,当即有些发愣,后面的话再也听不清了,直到二哥站起身要走,他站起来拱手行礼时依然恍恍惚惚,只觉暑气包裹,心慌意乱,这一刻,他是多么想念母亲亲手做的凉粉。

思绪未落,门再次应声而开,端着大漆托盘的母亲走了进来,上面放的碗碟里俨然就是自己想吃的凉粉。知子莫若母,他拿着勺子小口吃着，纷乱的思绪开始慢慢沉淀，可是母亲却假装不经意地提及："今天约好了去拜访俞家，你原定的一应课业就停修一日吧。"

他愣了一下，口里的凉粉变得难以下咽。他不想与母亲纠缠这样的话题，起身推说自己要换身衣服，恭请母亲回避一下，可是抬头看到母亲头顶的几根明显的白发和额头淡淡的抬头纹，心里一阵泛酸，再也说不出到口的说辞，他垂下了眼帘，低声说："母亲，我听你们的，就是了。"

无可奈何的话语，他一字一句说得清晰。父母之命，媒妁之言，他突然觉得很是悲哀，为什么连要与自己共度一生的女子都不能娶自己中意的，既然如此，那就随母亲吧，至少有一个是欢喜的。

佛说：想、爱同结，爱不能离，则诸世间父母子孙，相生不断。那时候的李叔同，多想同一个相爱的女子，执子之手，与子偕老，但当一切都成了奢望，那就放手吧，成全一个对自己最重要的女人。

晓风无力垂杨懒，情长忘却游丝短，这首《菩萨蛮》，是他写给她的，这个叫作杨翠喜的女子，这个寄托了他对戏曲的整个眷恋的女子，姑且不说这份眷恋之意，爱情的成分到底有几分，但"酒醒月痕低，江南杜宇啼。痴魂销一捻，愿化穿花蝶。帘外隔花

第1章
儿时欢乐：曾把闲情托

阴，朝朝香梦沉"，这字里行间寄托的一往情深，是多么无可奈何的缠绵情意。

从俞家回来后，整个家呈现出一种喜气洋洋的姿态。母亲满心欢喜地为婚事忙碌着，只是从不在他面前提起，整个家族也很有默契地在他面前统一口径，但他却无时无刻不能感受到那种仿佛与己无关却又息息相关的忙碌气氛。

俞家是天津有名的茶商，名门望族，家道殷实，这段婚姻是让母亲喜欢的门当户对，俞家的小姐是长在大宅深闺中的女子，母亲亦是十分满意。

两年前，李叔同陪母亲逛娘娘庙的皇会时，曾经见过俞家母女。那时她并不十分美丽，如今他已记不清她的模样，只隐约觉得是一副端庄的闺秀风范。只是现在，他已麻木，再也提不起任何兴趣去打探即将成为自己的妻、比自己年长的妻的容颜喜好。

娶亲那日，天飘起了细碎的雪花。一夜无眠，他强打起精神，穿上床边叠得整齐的大红新郎服。刺目的颜色刺痛了眼睛，他突然有一种想要流泪的错觉，只得勉强牵动一下嘴角，踏步走了出去，只是望眼处，全是鲜艳的红色，这红色显得触目惊心，他再次晃了神。母亲迎上来，执着他的手细细打量，眉眼间是藏也藏不住的笑意，他知道母亲是发自心底地高兴，那就这样吧，只能这样吧。

他跨上高头大马，在声声唢呐下，把俞家小姐迎了回来。夫妻对拜，他乖乖低了头，对着被喜帕盖住容颜的俞家小姐拜了下去。只是他的表情，结了一层厚厚的霜，可这霜，冻不住整个婚宴的团团喜气，这一刻，她便是他明媒正娶的妻。

洞房花烛夜，她仍盖着喜帕，从大袖中探出的纤纤玉手，一手端住茶碗，一手翘着兰花指去揭盖子，动作艰难，一块喜帕从袖口滑落在地，鸳鸯戏水的花样绣得精细。李叔同捡了起来，却不知如何还给她，终于他忍不住，挑了她的喜帕。她像受惊一般的鹿，黑亮的眼睛闪着灵动的光，紧紧盯住他，却又慢慢红了脸颊。

原来，自己的妻是如此可爱的女子，四目相对时，他入了戏。人生本来就是一出戏，只是谁也不知后面的剧情，前一秒还在为媒妁之言所苦的李叔同，后一秒就有了怦然心动的感觉。她不再是两年前印象模糊的女子，时间使她出落得十分水灵，不止有端庄大方的闺秀风采，还带着了可爱小女人的风韵，刹那间，他一见倾心。

原来，爱上一个人，只需要一秒钟。母亲是对的，她的妻温温婉婉，是雪中静静绽放的一株红梅，清清冷冷却芳香扑鼻，不辜负大好韶华，媒妁之言之苦，苦的只是一时而已。

第1章
儿时欢乐:曾把闲情托

母亲还是懂他的,他确实需要一个这样的妻子,美丽但不招摇,一生只为他。他们一起度过了一段美丽的日子,姑且不管这段日子有多长,但夫妻相敬、举案齐眉的美好,是真真切切不容忽视的。

东邻有儿背佝偻,西邻有女犹含羞。蟋蛄宁识春与秋,金莲鞋子玉搔头……

4 气·国破之悲

【和宋贞题城南草图原韵】

　　门外风花各自春,空中楼阁画中身。

　　而今得结烟霞侣,休管人生幻与真。

　　　　　　　　　　　　——李叔同

　　1895年,李叔同十六岁,他凭借聪明的才智和幼时的教育,考进了在津门鼎鼎大名的辅仁学院。"相辅以仁",学院以教授功利性极强的八股文为主,致力于栽培天津的书香子弟,以造就国家之栋梁为己任。

　　八股文是考取功名必学的课程,想要功成名就,金榜题名,

第1章
儿时欢乐：曾把闲情托

就必须进行严格刻苦的训练和学习。有时候，精华和糟粕只在一念之间，那些关于八股禁锢了人思想的言论，只能说是一时风气，"骈"的过了头。至少从李叔同身上，八股文的高压训练，为他以后的写词作赋打下了坚实的基础，一切事在人为。

正如王国维所言，散文易学而难工，骈文难学而易工，在写文章时，想要达到形神兼备、出神入化的地步，必须胸有点墨，正所谓，工欲善其事，必先利其器。

那时科举还兴在一时，科举入仕是出人头地的必经之路。天资聪颖的李叔同也胸怀报国之志，在这条路上心无旁骛地前行，四书五经，八股骈文，一刻都没有耽误，只等功成名就时大展拳脚。

他家世名望，得天独厚，风流偶傥，才华横溢，在天津同辈名士中备受关注。他是天才，是锦缎上的繁花，是繁花中的彩凤。天津名士曹幼占曾作诗曰："高贤自昔月为邻，早羡才华迈等伦。驰骋词章根史汉，瑰琦刻画本周秦。"

只是邦国兴危，等不及他按部就班地考取功名。正当他为旧学挑灯夜战时，中日海战失利，邓世昌、丁汝昌等英雄壮烈牺牲，美丽的台湾岛和澎湖各岛屿割让日本，泱泱大国竟被区区东瀛小国如此欺凌，丧权辱国之痛，欲语谁休？

每当夜深人静时，李叔同独自一人挑灯夜读，内心却汹涌澎湃，喧哗的海潮声、隐隐的枪炮声以及在海战中壮烈牺牲的英烈们的怒吼声在他耳边经久不息。大敌当前，国恨家仇，可他空有一腔救国抱负，却无施展之地。面对外面翻天覆地的世界，他的恨、他的气、他的血性，在胸腔无声地咆哮，却只能做一只困在井底的猛虎，偶尔嗅一下花香馥郁的蔷薇。

他只是小有名气的文人，还未金榜题名，他只是手无缚鸡之力的柔弱书生，无法金戈铁马上阵杀敌。他气国破之悲，却只能等待，等待长大成人的那一天，他定当纵天一跃，飞出樊笼，败敌寇，救国于危难之际！

当天津开始出现削减各书院奖赏银归洋务书院之议时，他说"照此情形，文章虽好，亦不足制胜"。当天津海关道的盛宣怀请旨设立天津西学学堂时，他虽因旧时知识体系的颠覆彷徨无措，却义无反顾地加入了习新学的行列，洋文、算术、化学、矿务学……因他知，知己知彼，才能百战不殆。

天子重红毛，洋文教尔曹。

万般皆上品，唯有读书糟。

这是他的朋友朱莲溪所作的诗，但他却喜欢得紧，在写信的时候都不忘抄写给自己景仰的书法启蒙老师徐耀廷（他还是李府

第1章
儿时欢乐：曾把闲情托

的管家及账房先生），可谓对此津津乐道。这只因他已领略到了新学的独到魅力，也慢慢厌倦了旧学的枯燥乏味。

本就是好学之人，求知欲极强，当觉察到旧学的无味，他对书院的学习越发提不起兴趣来。终于，他决定告诉二哥，自己不去辅仁书院读书了，不管母亲多么苦口婆心地劝阻，更无视二哥板起脸孔的训斥，他已打定主意。

耐他不过，二哥文熙只好安排他进了姚氏家馆，在那里，他以颇负盛名的赵幼梅先生为师。赵先生是李叔同很是崇仰的一代宗师，以他为师自觉三生有幸，在学问方面尤为用心。这段师生情谊使叔同受益匪浅，尤其是古体诗词上面。

乱世书生，正值年轻气盛，血气方刚，虽心系天下，但言及国事，只觉千头万绪，心中的线纠乱成团，他需要一个人帮他理顺心头压着的线团，需要有人解一解烦杂的思绪，给他觅一个出口。

赵幼梅先生就是这么一个人，他教他填词，使他在新学和旧学交替之际，没有完全摒弃旧时传统文学，而是取其精华，为己所用。先生对他来说，可谓良师益友，在浮浮沉沉的乱世之中，在当代学子不知何去何从之时，先生为他亮起了一盏明灯，使他步步向前，顺水顺舟。

他们谈论学界热议的"诗界革命"，赵幼梅先生很是赞扬梁启超的言论,"能以旧风格含新意境,斯可以举革命之实矣"。诗词,意境也,文不达意的辞藻堆积,无论对仗多么工整,多么无可挑剔,也只是一首无心之作,雕虫小技而已。

他们谈论新学,什么才算人才,什么才算本事,什么才能救中国。李叔同渐渐明白,闭关锁国只会使腐朽的王朝更加腐朽,如今的清王朝需要的不仅仅是旧时的八股文人,而是像康有为和梁启超先生那样,精通西方的知识和语言,"师夷长技以制夷",拿起思想的武器,唤醒愚昧的政府,救治国人,走出愚昧的阴霾。

《佛经》上云:伯叔壮志,世界大同。李叔同这个名字便是从此而来,这是赵幼梅先生所起的名字。对待爱徒,先生自是毫不吝啬,他希望他望眼世界,胸怀壮志。而李叔同,也没有辜负一片大好光景,日后,他将传统文化和西洋文化融会贯通,自成体系,李叔同这个名字,更是家喻户晓。

1897年,李叔同十八岁,及笄而立的年纪,他遵母命迎娶新妻,开始了成年后的岁月。长大这个字眼,有时候只是一闪的念头,日子继续,一切和往昔没有什么不同,但只觉一切都不一样了,因为心里存了这样的念头:我已成年。

这一年,李叔同以文涛之名参加了天津的儒学考试,他把一腔热血和才思注入其中,《致知在格物论》、《非静无以成学论》、《论废八股兴学论》,洋洋洒洒,一挥而就。他是这样的人,拿起

第1章
儿时欢乐：曾把闲情托

笔便很难放下，不纵横满纸必不罢休，曾经他因构思的文章太长纸张不够而在一格的空间写下双行的文字，同窗佩服之，尊称他为"李双行"。

1898年，十九岁的他又参加了天津儒学考试，面对题目《行已有耻使于四方不辱君命论》，李叔同把矛头直接指向当朝权臣，慷慨激昂，侃侃而谈，他说："我中国之大臣，其少也不读一书，不知一物，以受搜检。抱八股韵，谓极宇宙之文；守高头讲章，谓穷天人之奥，是其在家时已恬然无耻也。即其仕也，不学军旅而敢于掌兵；不识会计而敢于理财；不习法律而敢于司理……"

或许他激昂的言谈惹怒了一干保守权臣，或许是清高的他不喜投考官所好，他两次考试皆不中，那时的科举考试，所谓的公平公正公开，只是一纸空文而已。

同年6月11日，光绪帝采纳康有为和梁启超的维新主张，下旨颁布"明定国是诏"，行变法之议，起用维新人士，这便是名噪一时的戊戌变法。消息传来，李叔同满腔的热血顷刻间点燃，感叹说："老大中华，非变法无以自存。"更是镌印"南海康君是吾师"的印章以明已志。

只是腐朽的清王朝，顽固的守旧势力根深蒂固，光绪帝是慈禧太后一手扶持的傀儡皇帝，她怎么会任凭他羽翼丰满损伤自己的利益？在慈禧太后眼里，自家利益面前，国家都可以舍弃，更何况只是小小的亲情？

9月21日，慈禧太后囚禁了光绪帝，重新开始垂帘听政。她当即下诏追捕维新派人士，刹那间整个王朝大地人心惶惶，康有为、梁启超逃亡海外，谭嗣同、林旭、刘光第、康广仁、杨深秀、杨锐这"六君子"高喊"有心杀贼，无力回天，死得其所，快哉快哉！"英勇就义。

浩浩荡荡的戊戌变法仅有百日便失败了，就如同午夜里绽放的烟花，昙花一现便隐于黑暗中，天空一片阴霾。

当变法失败的风声沸沸扬扬传遍神州大地时，李叔同觉得心中刚刚燃烧起的火焰瞬间熄灭，仿佛被当头浇了一盆凉水。他疯了般地跑出家门，去打探消息，只希望这只是一个玩笑，可是大街小巷挡也挡不住的谈论声让他很是绝望，身心俱疲。

马嘶残月堕，茄鼓万军营，他气，国破之悲国之希望被无情打压，曾经繁盛的清王朝，还有明天吗？顶天立地的泱泱大国，还能挽回自己的尊严吗？堂堂七尺男儿，一腔报国之情又该置于何地？

第2章 海上风情：浓淡总相宜

1 离·南迁上海

【津门清明】

  一杯浊酒过清明,觞断樽前百感生。

  辜负江南好风景,杏花时节在边城。

——李叔同

  掌灯时分,他迈着沉重的步伐回到家,神情沮丧,一直奉为尊师的康有为先生逃亡海外,刚刚萌芽的变法失败……原本他还能欺骗自己,一切的一切,他只觉五雷轰顶,刚刚打通的壬督二脉混沌一片。当一个人的信仰被无情推翻时,当自己的追求被残酷质疑时,除了撕心裂肺的疼痛外,心脏已然麻木,如果只是一

第2章
海上风情：浓淡总相宜

场梦，梦醒后，国家繁荣昌盛，生机勃勃那该多好。

可惜，赤裸裸的疼痛与现实相对，他只觉浑身冰冷，连呼吸都变得沉重。母亲和妻子早已迎了出来，因为变法整个局势纷乱，整个天津城闹哄哄的，长在深闺的女子，不关心政治，不关心变法，不关心慈禧，只关心他，当敏锐的嗅觉嗅出不寻常的气味，天还大亮已然开始担忧未归的儿子、丈夫，她们一次一次瞧向大开的院门，十指并拢求佛祖保佑，直到看到那熟悉的身影，一颗心总算落了地。

面朝大海，春暖花开，日子平淡或闪耀，贫穷或富裕，只要安稳就好，他是她们的天，是她们的地，是她们所有的企盼。功成名就也好，金榜题名也罢，这一生一世，你若安好，便是晴天，她们只愿他现世安好，只愿一家人和和睦睦，安度一生。

千里宝驹，自要驰骋千里；万年盔甲，自要与浴血沙场的将士共进退；血性男儿，自要心怀天下，以报效祖国为己任。可是当朝廷不需要你的广大胸怀时，甚至因此降罪于你，那该如何？叔同仍然沉在自己的思绪中，执迷不知返，更不知自己身在何处。

树有叶，木有枝，肉体与灵魂，生生相依，只是这一刻，他的魂，漂浮在空中，向那个菜市场而去。他想看一眼，六君子热血挥洒的地方，他想亲自看一下那英勇就义的场面，否则，他如何相信，那一个个鲜活年轻的生命，就因为那所谓太后的一句话，惨死在侩子手的刀下？

他看到了，"我自横刀向天笑，去留肝胆两昆仑"，六君子跪得笔直，跪得顶天立地。他们怒吼着，却又含着笑，视死如归大抵如此吧，问苍天，不求此生无过，只求无愧于心。

此心昭昭，天地可鉴，刽子手们举起明亮亮的大刀，喷洒出口中的烈酒，李叔同捂住眼睛，不想再看。只是下一秒，天地变色，街道刮起阵阵乱风，天空疾驰着如万马奔腾般的昏暗云团，六君子的头颅落了地，看过太多生死的刽子手，已然麻木，杀人成了使命，一定要完成的使命。

瓢泼大雨席卷大地，为六君子哭泣，为朝廷而悲，先生们的血，染红了整条街，触目惊心的颜色刺痛了一颗颗爱国之心。"你还知道回来啊！"二哥的一声厉问惊起千层浪，他魂魄归位，原来自己已在家中，那些只不过是自己的想象。

二哥文熙这两日感了风寒，听到动静也闻声赶来。他看着弟弟一副失魂落魄的模样，心里五味杂陈，又气又急又心疼。他对自己这个非一母同胞的三弟很是疼爱，他聪颖伶俐，胜过自己当年，他一直把他当作李家再振家门的希望。可是时下局势不明，天津的天瞬息万变，这一次，如果弟弟牵扯其中，他的人生便完了，李家的希望也完了。

叹一句生不逢时，他翻出弟弟这几年的诗作文章，《论废八

第2章
海上风情：浓淡总相宜

股兴学论》、《行已有耻使于四方不辱君命论》、《乾始能以美利利天下论》……他正是意气风发的年纪，才华横溢，无所顾忌，不懂得祸从口出的道理，他记得，在政要宾朋面前，他逸兴遄飞地说："老大中华，非变法不能兴邦！"

一幕幕，一篇篇，文熙心惊肉跳，这次变法，弟弟多多少少牵涉其中，如果被奸人拿来大做文章，下一个上断头台的，就是自己的弟弟，是李家老小。

兄弟二人在书房相对而坐，沉默使黑夜绵长。终于，文熙有些无奈地说："文涛，出去躲躲吧，去上海吧，正好那里有点家业需要人打点。"

他知道自己总是要离开的，只是不知道这一天来得如此快、如此匆忙。十里洋场的上海滩，那里是怎样一副天地他不晓得，只是这从出生便从未离开过的津门，承载了自己十九年生命记忆的天津卫，他不舍得，他不舍得，那月，那风，那水，清凉月，月到天心，清凉风，凉风解愠，清凉水，清水一渠，清凉清凉，天上真常！

他懂得，二哥的思量，这一次，他是真的要走了，奉母携眷。

走在园中小径，他思绪飞扬，花草、山石、屋瓦……目光触及的地方都有过自己的身影。那幽婉的小路，乳母刘氏曾拉着自己的手走过一遍遍，抓蝴蝶，放风筝，他童年的欢声笑语，洒满了园中的每一个角落。

转个弯，他看到乱石堆砌的假山。在那里，他曾发现了自己的第一只小虎斑猫，他还记得小猫咪我见犹怜的瘦弱模样，他还记得自己小心翼翼抱回屋给它准备吃食的认真表情……不知不觉，他走进了专门辟作猫室的房间。知是他，一只只猫咪亲昵地凑了过来，他怜爱地抚摸着它们，看着它们呜咽的模样，"我要离开了"，一双双明亮澄澈的眼睛望着他。

它们活在单纯的世界，不懂离合悲欢的苦涩滋味，不懂这位很是宠溺自己的主人突然的忧伤，"再见"，他匆忙离开，害怕它们看穿自己的眷恋之意，惜别之情。

他轻轻推开书房的大门，那古旧的书桌、层层的书籍、四方的砚台……掩不住的熟悉，闭上眼睛他都能知道一切的物什，嗅一口都能品尝出家的味道。他曾经在这里度过了十几个年头，从稚嫩的童声一直到沉稳的诵读，这里，承载了他十九年的足迹，记录了他成长的点点滴滴。

看得越多，越是舍不得，他失落地回了房间，善解人意的妻端来刚刚泡好的清茶，他小口地啜着，等心情慢慢沉淀后，他起身去母亲房间，告诉她南去上海的事。

她自是不乐意的，她的丈夫在这里，她的回忆在这里，她舍不得那段甜蜜的时光，舍不得那熟悉的一花一世界，一叶一菩提。

第 2 章
海上风情:浓淡总相宜

上海,对她来说,只是一个道听途说的地名而已。她从来没有想过,有一日,那里和自己扯上关系。那里怎么样,拥有怎样的风景,会是怎样的生活,在那里,他们会如何,风生水起还是碌碌而为,这些纷繁的思绪,她看不清,理还乱。

可是她忽然想起,维新、变法、流血、革命,这一个个让她心惊肉跳的名词曾经从意气风发的儿子嘴里喷涌而出,她不懂政治,不关心人类,只记挂自己的儿子,如果如今的天津卫人心惶惶的氛围牵连到他,如果那杀头的法场、游街的囚车与儿子有关联,如果那一幅幅血糊糊的场景中有自己的儿子,那该如何是好?

抉择,总夹杂着矛盾和痛苦,可是那些她珍惜异常的回忆,那些她不愿放下的熟悉,与亲爱的儿子相比,都黯然失色。天平自然而然地倾斜了,只要儿子还活着,生龙活虎地伴在自己左右,家自是无所不在,只要儿子还活着,孝顺恭敬地承欢膝下,多少美好的回忆都能再创造。

只要他在,浪迹天涯也好,风餐露宿也罢,她都要紧紧跟随,更何况只是一个不知何况的上海滩?

10月的天津卫,暑气渐渐消散,呈现出清凉的姿态,秋风扫落叶,风夹着淡淡的海腥味扑鼻而来。又是一年海味时,迎着天津城的第一缕曙光,出海的渔船满载而归,各路海鲜也涌上了各家餐桌。

那一日，李叔同特意吩咐厨房，为母亲烹制最爱的梭鱼炖豆腐。梭鱼，细腻绵软，鲜美异常，明日就要走了，到了上海，归期难觅，去寻这咸淡水之间的鱼也难了吧。

"渭城朝雨浥轻尘，客舍青青柳色新。劝君更尽一杯酒，西出阳关无故人"。这一次，他的终点，虽然不是荒凉的阳关之地，但那时候的上海对他来说，也并无知己，那片未知的天地白茫茫一片，全靠他慢慢去经营，那就再喝一杯吧，再看一眼故乡的风景、故乡的人。

他走了，携家带眷，一路向南，在杨柳笛声中，踏上了开往上海的船只。他站在船尾，久久凝望渐渐远去的天津城，别了，天津，他挥动衣袖，带不走一片云彩。

第2章
海上风情：浓淡总相宜

2 思·城南草堂

【清平乐·赠许幻园】

城南小住。情适闲居赋。文采风流合倾慕。闭户著书自足。

阳春常驻山家。金樽酒进胡麻。篱畔菊花未老，岭头又放梅花。

——李叔同

十里洋场，春风沪上，这里没有丧权辱国的危机四伏，弥漫着深深的繁华与奢靡。在这里，一对对红男绿女或两两依偎翩翩起舞，或三五成群把酒言欢，仿佛不懂人情悲欢。

这里天际辽阔，疏星几点。这里霓虹华灯，高楼湮灭。这里街道林立，川流不息。他站在马路边，软塌塌的长袍马褂掩不住周身飘逸的气质，无论在哪里，他的清俊和儒雅，总给人清爽之感，他就是这样的翩翩公子，是洁白无瑕的和田羊脂美玉。

随便坐上一辆空晃着的黄包车，他放空身体，随着黄包车的频率左右轻轻晃动，目光放逐天际，对一切若有所思。秋日的上海，透露着微微的凉意，黄浦江上的风吹过，带来一地潮湿气息，街边油绿的树木慢慢后退。这是一个新鲜的城市，他能感受到不一样的呼吸，不一样的脉搏和频率。

这里不见了司空见惯的青砖高墙，不见了深掩的红漆门楼和守护石狮，望眼处，平整的街道比比皆是，电力街灯次第排列，还有那尚未成荫的行道树，琳琅满目的店铺。看着周边景色，他心中跌宕起伏，有对过去种种的留恋，更多的是对眼前别样风景的欢喜之意，在这里，他要用自己的满腹经纶，换一方天地。

他把家暂时安在了租界内的一栋二层小楼里。上海租界，是外国列强在天朝国土上圈出的区域，那里受外国人管束，华人无权干涉，如英国驻上海领事阿礼国所说，租界是一个独立自主的国家，"国中国"。这是耻辱的存在，但那里却安稳，是落脚的好地方，至少，西洋文化中的正能量，正刺激着国人，影响着国人。

那二层小楼，自不能与李家的宅院相提并论，但这里完完全

第2章
海上风情：浓淡总相宜

全属于他们，没有大家庭的诸多规矩，没有闲言闲语的侵扰，他们忙里忙外，搬箱倒柜，东摆西放，几日下来，小小的阁楼已颇有家的味道，一种沉甸甸的幸福感慢慢升腾着……

李叔同的次子李端在《家事琐记》中写道："据我家的老保姆王妈说，我父亲当时南下，是想从此脱离开天津这个大家庭，去南方扎根立业。因当时我们家资富有，上海也有我家钱铺的柜房，可照顾我们一家的生活。"

李叔同一直知道，自己终要离开的，只是那时他不知什么时候去往何方，他把父亲死后母亲的尴尬身份看在眼里，这份尴尬只有携母离开自立门户才能终结。这一次时局的动荡恰好成全了他，除了些许不舍，上海成了他独立的转折站。

他去了钱铺，二哥一向待他不薄，这一次远行也是为他打点好了一切，柜房的收入足够支付他们一家在上海的全部开销。他仍是无须为五斗米折腰的大少爷，不用为一家人的生计去劳神费力，他有全部的资本去经营自己的抱负，用满腹经纶去造就遗世独立的旷世天才。

上海滩的天空，时而明媚，时而阴沉，与天津城没有什么不同。只是这方天空，即将升起一颗来自天津城的新星，一颗璀璨夺目的新星，一颗纯净的不沾凡尘俗气的新星。

他穿梭在上海的文人场合，书院、文社、学堂……他流连于戏子的袅袅云烟，茶楼、戏园……穿化蝶飞过，这里的一切，都有着一股不一样的新鲜气息，有着仅属于旧上海的别样繁华和世间百态，他看着，感受着，用眼，用心。

这里有各路不同的社团，志同道合的文人们凑在一起，作诗赋词，舞文弄墨。一日，闲来无事的李叔同随意翻阅报纸，一则小小的悬赏征文启事引起了他的注意。那是一个叫作城南文社的私人社团，那时他只知这是一个崭露头角的绝佳机会，不知道冥冥之中他与这个叫作城南文社的地方有多么深厚的不解之缘。

他目光炯炯如星，当即铺开稿子细细研磨。这一次，他才思依旧如泉涌，洋洋洒洒便成了一纸长文。他放下笔轻轻闭上眼，雕花老虎窗外声声汽笛声不绝于耳，巡捕的清亮哨子声也随声附和着。这一刻，他是多么清晰地意识到，李家大院早已远在千里之外，这里是属于他的、一片自由自在的新天地。

古人不见今日月，今月曾经照古人，皎洁的月光曾经见证，旧上海的迤逦多情，曾经见证，城南草堂的旖旎风光，只是百年后，那草堂，早已隐没在高楼大厦中，早已湮没在时间洪流里。

城南文社是在1897年的秋天成立的，宝山名士袁希濂组织发起，旨在切磋诗词文章技艺，文社的活动地便是位于沪南青龙桥的城南草堂，诗人许幻园的家，只是那时的李叔同还身在天津城的旧事之中。

第2章
海上风情：浓淡总相宜

李叔同交了稿子，意料之外却情理之中，在那次会课中，他以"写作俱佳"得了第一。那一日，他出现在城南草堂的门口，那颇具乡村朴实之气的院落，那小桥流水的绮丽风光，他只觉如沐清风，跨进院门，步入高雅明亮的厅堂……

见他来，许幻园几步走到他面前，拉住他的手，邀他入座。那里早已高朋满座，氛围热烈，坐在左上首椅子上的张孝廉，神色激昂，他举着李叔同的文章，一边声情并茂地诵读，一边满脸赞许地评说，俨然一副钦佩有加的模样。

许幻园细细瞧他，旧时衣冠掩不住周身的华贵雅致，发辫如缎，额头高耸，小小的圆帽遮不住一世繁华。他坐在那里，礼貌地笑着，一副气定神闲的模样，那一双细长眼目，宛如幽潭般光彩流溢，神采飞扬，他是那么干干净净的一个人，那么地磊磊落落，仿佛一切的喧嚣都侵扰不了那颗纯净的心。

不知不觉，许幻园含笑邀请他入社，并盛情邀他来城南草堂同住。他便是这样的人，一言一行间给人心旷神怡之感，一颦一笑间便让人不知不觉想要亲近。

许幻园邀他同来，只因他倾慕着他，倾慕着他的翩翩风逸和诗文才华，倾慕着他身上那份皎如月皓如雪的气息，那份清凉磊落的气质。

冥冥中，一切皆有天意，他欣然应邀，成了城南文社的最后一角，圆满了整个戏台子，这出戏便咚咚锵锵地开场了。

1899年2月，春意满园，他携全家搬入了城南草堂。许幻园亲自迎接，并为他所居之处所题名"李庐"。同月，李叔同在草堂的阳光下写下了《二十自述诗》的序云：

堕地苦晚，又撄尘劳。木替花荣，驹隙一瞬。俯仰之间，岁已弱冠。回思曩事，恍如昨晨。欣戚无端，抑郁谁语？爰托毫素，取志遗踪。旅邸寒灯，光仅如豆。成之一夕，不事雕劖。言属心声，乃多哀怨。江关庾信，花鸟徐陵。为溯前贤，益增惭恧！凡属知我，庶几谅予。

庚子正月

有人说，城南草堂是他的宝地，在那里，他有知己相伴，心旷神怡，在大上海气象万千的锦绣底子上，镀上了鎏金的光彩，而他也迅速成了十里洋场的一颗新星，在草堂编印的《李庐诗钟》和《辛丑北征泪墨》，更是成了上海文坛不可多得的墨宝。

"城南小住，情适闲居赋"，那是一段宁静又充满诗意的时光。那里一派田园，小桥流水，草木扶疏，"篱畔菊花未老，岭头又放梅花"，在曲水流觞间，他与友人雅集酬唱，"文采风流合倾慕。闭户著书自足。阳春常驻山家。金樽酒进胡麻"。

第2章
海上风情:浓淡总相宜

他作的这首《清平乐·赠许幻园》,实实在在,真真切切,他是风流倜傥的才子,是神采飘逸的隐士,徜徉在江南之美景,闲淡之情溢于言表。李叔同居于城南草堂的这段时光,承载着少有的闲适与欢乐。

1925年,那已是二十年以后了,那时他已出家,成为弘一法师。他曾对弟子丰子恺说:"我从二十岁到二十六岁之间的五六年,是平生最幸福的时候,此后就是不断的悲哀与忧愁,一直到出家。"

二十岁到二十六岁之间的五六年,正是在城南草堂的那段时光,那段时光里,母亲健在,妻子相伴,知己同游,一切自由自在,这段日子,他一直铭记在心,珍藏一辈子。

忆·天涯五友

【天涯五友图诗】之李叔同

  李也文名大如斗，等身著作脍人口。

  酒酣诗思涌如泉，只把杜陵呼小友。

——宋贞

  千金难买韶华好，二十岁的光景，他正值华年，逸兴遄飞，风华绝代，在城南草堂的那段日子，他结识了同样意气风发的烟霞客，从此休管人世百态，幻假幻真。

  如果城南文社是一个美轮美奂的戏台，每个月的集会是一场盛大的戏曲，宝山的名士袁希濂、江阴的书法家张小楼、江湾的儒医蔡小香、华亭的诗人许幻园，还有他，天津的才子李叔同，

第2章
海上风情：浓淡总相宜

他们是意气风发的"天涯五友"，他们是那戏台子的五根不可或缺的顶梁柱。

因为懂得，所以慈悲，这五个年龄相仿志趣相投的年轻人，自以为懂得彼此，懂得世间的离合悲欢，于是，这份溢于言表的懂得，化作了浓浓的慈悲之情，化作了一腔潮水般的热血，化作了摧枯拉朽般的强大劲力，使他们走近彼此，点燃彼此。他们义结金兰，不求同年同月同日生，不求同年同月同日死，只求同在一起的日子共诗文。

结为金兰之义的那一日，他们特意合影留念，在那张合影照片上，李叔同以"成蹊"之名题写了"天涯五友图"的字样，"天涯五友"的名号便由此得来。

这里是适宜他的水，这里的布景与他如此地和洽，有时竟恍惚地以为，这一切的一切，都是因他而生，为爱而活，他立在乌木廊下，与天涯四友比肩而立，看世间变化，任云卷云舒。

花开花落几人知，云卷云舒自在天。世间的喧嚣，阵阵的浮尘，与他们无关，亦不入他们法眼，他们，只为那个文学梦而活。

人间处处即天涯，许幻园的夫人宋贞，乃一位才思敏捷的女子。她能诗擅作，工画自如，她曾经分别为"天涯五友"作了五首诗，名为《天涯五友图诗》。其中颂咏李叔同的那首写道：

李也文名大如斗，等身著作脍人口。酒酣诗思涌如泉，只把杜陵呼小友。

狂妄不羁，是需要资本的，当资本匮乏时，便是年少轻狂不知天高地厚，当拥有资本时，便是个性十足理所当然，所以或褒或贬，自在人心，而在友人眼里他是这样的人，狂妄十足，也个性十足。他是金子，便总会发光；他是种子，在肥沃的土壤中，便会长成参天大树。

他是有资本的，在文社的课卷上，他的文作屡屡被评为卷首。另外，他也曾参加格致书院的征文比赛，并在七年时间里获奖十二次。1904年末，他还参加了上海商务印书馆的征文，他的两篇文章皆获得了二等奖，共获奖金六十元，那时的六十元，与今日的六十元自非同日而语，那是一笔不菲的数额，自是优秀之人可得。

李也文名大如斗，等身著作脍人口。在宋贞眼里，他就是这样的存在，她与李叔同的母亲相谈甚欢，同为女子，更易心灵相通。平日里，李叔同总是亲切地唤她一声大姐，她对他也是像自家小弟，亲切有加。

1914年，当李叔同再回到城南草堂时，那时天涯五友早已知交零落，旧时风光早已不复存在。物是人非，满目疮痍，那时他

第2章
海上风情:浓淡总相宜

唤为大姐的女子已逝世三年，想起昔日唱和之雅，只觉恍然隔世，悲声叹出：恸逝者之不作，悲生者之多艰，聊赋短什，以志哀思。

人间有味是清欢，一切都是后话。当时越繁花如锦，之后越是荒凉寂寥，对比是最刺目的反差。

镜头再次回到那段城南草堂的岁月，回到"天涯五友"之中，宝山名士袁希濂，是五个年轻人最为年长的一位，他是民国原教育部长袁希涛的弟弟，他还有一个名为袁希洛的兄长，三人皆为宝山名士，更被世人称为"宝山三袁"。

他与李叔同很是志同道合，常常一起把酒言欢，畅谈诗文，更是与他一起赴日留学。他们行迹暗合，李叔同出家后，袁希濂因叔同的一句"前世是佛"开始亲近佛法，最后终得其中真味，皈依佛门。相传他死后遗骨白如珂雪，脑骨呈莲瓣状，也算应了李叔同的谶言。

儒医蔡小香医术高明，眉目清俊，拥有如李叔同般令女子着迷的清秀外表和儒雅气质，也是如潘安般美妙的人儿。只是他是一位风流浪子，李叔同与他一起，总少不了在声色场上流连。

落尽杨花红板路，无计留春住。独立玉阑干，欲诉离愁，生怕笼鹦鹉。

楼头又见斜阳暮，怎奈归期误。相忆梦难成，芳草无涯，极目人何处？

这是李叔同曾在上海的《消闲报》上发表的艳诗，闺怨女子，在孤独寂寞中，盼着爱人归来，只是杨花落尽，夕阳斜暮，归期误了又误，独倚阑干，极目远眺，爱人啊，你人在何处？

前溪芳草经年绿，只风情，辜负良宵。这是旧时闺怨诗的一贯格调，他写的情情切切，他忘不了，对戏曲的热爱，忘不了因戏撩乱心情的第一个女子，那些交往过的声色女子，李苹香、谢秋云、朱慧百、语心楼主人、老妓高翠娥……有几人，让他想起那个挑灯夜送的女子，那个言笑间皆是风情的女子。

子女平分二十周，那堪更作狭邪游。
只因第一伤心事，红粉英雄不自由。

这是他写上海名妓李苹香的诗句，北有杨翠喜，南有李苹香，她是以才女艳帜名扬沪上的女子，是沪上文人雅士趋之如鹜的对象，自有一番妖娆姿态，她不喜奢华，即使只是面无表情安安静静地或坐或卧，目光里带着的忧郁神色也很是惹人怜爱。

她是他的红颜知己，两人对酒当歌，叹人生几何。他举觞对月，叹一句，"何满一声惊掩面，可怜肠断玉人箫"，她轻轻回一

第2章
海上风情：浓淡总相宜

句，"堪叹浮生如一梦，典衣沽酒卧深林！"

纸醉金迷间，只因他需要一个红颜知己，知他心事，解他忧愁。他的妻子，被旧时女子"无才便是德"的礼教束缚太重，大方端庄的闺秀，只懂得恪守礼教，视他为天，平日很少说话，沉默寡言间颇显木讷。她不懂他，虽心心念的全是他，但却不解他百般思绪，所以，她只能是妻，挂不住他的心，成为爱人。

大丈夫，当志在千里，在城南文社的如鱼得水并不是他的全副力量，他忘不掉，对书画篆刻戏曲的喜爱。1900年的春天，他与朱梦庐、高邑之、乌目山僧等人一起成立了上海书画公会。

他们都是在书画界有名望的人物，他们在书画上的名望与造诣众人皆知，更值一提的便是这个称为乌目山僧的僧人。他幼年出家，活跃于僧俗两界，甚至涉足政治，除佛教典籍外，琴棋书画更是样样精通。

只是堕入空门应是看破红尘之后，幼年僧人的清汤寡水，不是因为早已厌倦俗世的千千万万，而是为谋一条生路，那份清心寡欲之心，自是无法修成正果。一入凡尘，他的心便离佛寺千里之外，与犹太财商的外国妻子有染后，他还俗经历种种俗事，可是以后，他却重堕空门，离开大上海的繁华，重返镇江的江天寺，研习佛典。

出世入世间，他反反复复，虽然李叔同赏识他在书画方面的满腹才华，但耿直磊落的李叔同对佛法从小便耳濡目染，也颇具慧根，自不能接受这样的糟蹋不羁，上海书画公社后，二人再无联络。

有他的地方，自是活跃一片，上海书画公社每周会出版一期《书画公社报》，这是上海最早的书画报刊，在上海的书画界也产生了巨大的影响。

他是沪上的新星，有他的地方风光无限，在城南文社如此，在书画公社亦如此。那份属于他的光环，散发着掩不住的光辉，照亮自己，照亮知己，也照亮了城南草堂的一方天空。

义结金兰之日，他们都是此心昭昭可对日月，只是天下没有不散的筵席，我们不怕分离，怕只怕心散了再难寻回。

两年后，江阴书法家张小楼赴扬州东文学堂任教，宝山名士袁希濂开始就读于广方言馆，江湾儒医蔡小香则忙于医务无法抽身，草堂主人许幻园出仕为官，而他，天津世子李叔同则考入了南洋公学。

那时他们还一起谈天说地，可是转眼却各奔东西。天涯五友知交半零落，只是当时的誓言无人忘记，当时的意气风发，每个人都念念不忘，直至生命的终结，他们的心，没有散，曾经共同的梦，依然使他们紧紧相连。

1926年的夏天，当已为弘一法师的李叔同第二次重返城南草

第2章
海上风情:浓淡总相宜

堂时,却再也寻不着了,草堂已经消失不见。只是冥冥之中自有天意,那里成为了一位僧人的道场,而这位僧人,恰恰邀他前去普及佛法,他便再次到了那心心念的草堂之地,只是这一次,再没有熟悉之地,连寂寥的荒芜也难觅了。

他见着了许幻园,那时他已是老态龙钟的模样,两人相见恨晚,自是一番唏嘘惆怅。再一年,蔡小香离世。再三年,许幻园离世。再二十一年,袁希濂离世。再几年,张小楼离世。天涯五友只余一个李叔同,不,那时世间也已没有李叔同,剩下的是一位以普及佛经为己任的僧者,天涯五友至此消失无影踪。

有人说,一天中真正去想一个人的时间只是那么的一瞬间,生在世间,这忙碌的世间,怀念的时间总是太少太短暂,谁失了谁,在时光的洪流里,他们渐渐走远,再难相见,在偶尔的百感交集间,只有触手可及的回忆聊以慰藉。

烟消云散,再难寻觅,思旧日时光,忆天涯五友,唯在梦里相见。

4 看·锦绣繁华

【春夜】

　　金谷园中,黄昏人静,一轮明月,恰上花梢。月圆花好,如此良宵,莫把这似水光阴空过了!英雄安在,荒冢萧萧。你试看他青史功名,你试看他朱门锦乡,繁华似梦,满目蓬蒿!天地逆旅,光阴过客,无聊。倒不如,闲非闲是尽去抛,逍遥。倒不如,花前月下且游遨,将金樽倒。海棠睡去,把红烛烧;荼蘼开未,把羯鼓敲。莫教天上嫦娥,将人笑。

——李叔同

　　泱泱大国,青史留名,看昔日,大清帝国,锦绣簇拥,繁花

第 2 章
海上风情:浓淡总相宜

似锦,忆今朝,繁华似梦,满目蓬蒿,家国天下,主人成了一方逆旅,一座空冢,何时重现昔日繁华,荼蘼花开,遥遥无期。

很多时候,内心澎湃着万千的心事,可却只能借酒浇愁使愁更愁,无能为力的柔弱,是一种难以启齿的心情。在国之危难时刻,一个人的力量太过薄弱,很多时候我们只是一个观客,可是更多时候,我们并不甘心只是一个观客。

残山剩水可怜宵,慢把琴樽慰寂寥。
顿老琵琶妥娘曲,红楼暮雨梦南朝。

这是李叔同赠与老妓高翠娥的一首诗,但其中内容实为借题发挥。残山剩水,山河破碎,她是半老的徐娘,他是风流的浪子,在这声色场中,那颗怀有家国民族的心是连在一起的,在红楼暮雨间,大清王朝的繁盛之景,已成南柯一梦。

1900 年,八国联军侵入北京和天津,所到之处,烧杀抢掠,无所不作,慈禧太后带着年幼的光绪帝连夜逃离京城,圆明园的烈火连着愤怒,烧尽了大清帝国的半边天。

1901 年,软弱的大清帝国一味服弱,签署了丧权辱国的《辛丑条约》,数不尽的黄金和肥沃土地,眼睁睁进了侵略者的口袋。在各国列强的无情践踏下,在清政府的软弱无能下,曾经的锦绣河山完全沦为了半殖民地半封建国家。

听到这个消息，安居在城南草堂的李叔同心里颇不宁静。天津卫，是他的家，他的亲人还在那里，一帮朋友还在那里。多少个夜晚，"李庐"里的他难以入眠，内心像远处波澜起伏的黄浦江思绪万千，家国命运，自身命运，在风浪中颠簸浮沉，忽晴忽雨的天色里，那指路的明灯，早已隐没在浓黑的烟雾里，寻不到踪影。

国之将破，风雨飘摇，客居他乡的日子，虽然在上海的文化圈他渐渐风生水起，但当那些关于家乡兵荒马乱的消息如雪花般袭来时，那份忧愁郁闷是真真切切不同寻常的。

"索居无俚，久不托音。短檠夜明，遂多羁绪。又值变乱，家国沦陷。山邱华屋，风闻声咽。天地顿隘，啼笑胥乖"。他是富家子弟，从不曾为钱财所累，也不曾识愁之滋味，可是他绝非为赋新词强说愁。国之未安，前途未卜，他忧；家国未来，他忧。他的理想抱负无处施展。

游子无家，朔南驰逐。值兹离乱，弥多感哀。城郭人民，慨怆今昔。耳目所接，辄志简编。零句断章，积焉成帙。重加厘削，定为一卷。不书时日，酬应杂务。百无二三，颜曰：《北征泪墨》，以示不从日记例也。辛丑初夏，惜霜识于海上李庐。

第 2 章
海上风情:浓淡总相宜

这是他北上天津归来后以李成蹊发表的《辛丑北征泪墨》的序言,这组长诗,文辞优美,情之切切,家国血泪仇恨一气呵成,在尚未经受战乱依旧繁花满城的大上海造成了很大的轰动。

天津的混乱不堪深深牵动着他的心,离乡时日已久,他多想再回一趟那记忆里从未泯灭的地方。他是一只纤弱的蝴蝶,却积蓄着无穷的力量,在 1901 年的春天,他辞别家人朋友,孤身一人,远赴千里之外的家乡。

杨柳无情,丝丝化作愁千缕。惺忪如许,萦起心头绪。谁道销魂,尽是无凭据。离庭外,一帆风雨,只有人归去。他填词一首,踏上了北上的客船,离别之际,岸上的老母泪痕未干,船上的他也不禁潸然,落日海上,断鸿声里,船缓缓开启,载着他,载着乡愁,缓缓驶去……

感慨沧桑变,无边极目时。
晚帆轻似箭,落日大如箕。
风倦旌旗走,野平车马驰。
河山悲故国,不禁泪双垂。

立于船尾,看两岸倒退的风景,船行似箭,落日如箕,离开天津已是经年岁月，乱世沧桑变化，故里是否还复旧日模样。他心忐忑，风阵阵吹过，旌旗荡漾，河山故国风飘絮，各处支离破碎间，悲从心来，不禁泪如雨下。

在北上的旅程中，在经由大沽口时，他看到沿岸的残垒败灶，只觉不堪入目，不禁开口吟出：

杜宇声声归去好，天涯何处无芳草。
春来春去奈愁何？流光一霎催人老。
新鬼故鬼鸣喧哗，野火嶙嶙树影遮。
月似解人离别苦，清光减作一钩斜。

这只是个开始，在列强的侵略下，处在水深火热中的黎民百姓数不胜数，背井离乡流离失所的国人也不在少数，死亡更是家常便饭，他见惯了太多的残酷与血腥，那些"新鬼故鬼鸣喧哗，野火嶙嶙树影遮"的场景，已然见怪不怪了。

他下船上岸，换乘火车辗转前往装满熟悉记忆的天津城，终于在一日的黄昏时分到达那梦中之地。可它的模样已不复往昔，那青砖红瓦的气派城墙不见踪迹，李家大宅也已人去楼空，一片荒芜，原来二哥文熙早已携家带眷，逃亡河南。

他在街头漫无目的地游走，还是熟悉的乡音，恍惚间只觉一

第2章
海上风情：浓淡总相宜

切恍如隔世，可再也找不到熟悉的感觉。那一夜，北地狂风怒吼，金铁皆鸣，他宿于塘沽旅馆，心头涌出千万思绪，愁思不能寐，只觉孤灯如豆，长夜漫漫，他细细研磨，铺开稿纸，慢慢填写《西江月》一词：

惨漏惊人梦里，孤灯对景成双。

前尘渺渺风思量，只道人归是谎。

谁说春宵苦短，算来竟比年长。

海风吹起夜潮狂，怎把新愁吹涨。

天津卫是京城的门户，是一座殉了难的城，这里刚刚经过了战争的洗礼，空气中还弥漫着鲜血的腥气，哀鸿遍野，他仿佛看见在那场战役中，义和团英士、天津的民众以及爱国军官浴血奋战的身影，他们视死如归，与八国的侵略军抗战到底，这是何其惨烈的光荣！

天津，还是城吗？没了旧日的城墙，它还是城吗？那满眼的乞丐，那一具具倒下的尸体，都在那里，触目惊心地在那里，这一刻，他多想见一见那旧时的朋友，问一问天津城那一桩桩的劫难。

他敲开了姚家的大门，那是二嫂的娘家。姚家兄弟与他素来很是亲厚,一时间,他回来的消息传遍了各处,旧时师友纷纷涌到姚家与他相见,赵幼梅、王襄、王钊、徐士珍……好久未见的师友,再次相见,只觉百感交集,竟有热泪盈眶之感。他们谈着如今局势,谈着天津的沦陷,北方世道的不太平,谈着上海的新思潮,谈着一别经年的日子,想要把那断掉的时光重新链接在一起。

听着那一段饱含耻辱的血泪历史,这个城已历经沧桑。他的心被揪了起来,彼时的泱泱大国,彼时的安详城市,如今却到了如此地步,就如同锦绣罗缎的富庶之人,转眼间成了衣不蔽体的街头乞丐。这刺目的反差让他悲恨交加,热血沸腾,"男儿若论收场好,不是将军也断头",他暗暗发誓,要用自己的一生去救这贫弱不堪的国家,将那些可恨的侵略者,赶出神州大地。

他放弃了前往河南看望二哥的打算。北方的整个天空已被黑云笼罩,生于乱世,远行的未知劫难太多太多,他孤身一人,如何周全。几日后,他原路返回,南下上海,那里有妻有母,有属于他属于现在的一片天地。

上海,天津,天津,上海,这一路,他看了太多太多。昔日的大好河山,锦绣繁华,如柳絮般纷飞,国之渐弱,繁华渐褪,满目的苍凉破败,满心的屈辱颠沛。多想,一切只是一场梦,梦醒了,家还是家,国还是国,繁华依旧,锦绣依旧。

第2章
海上风情:浓淡总相宜

只是梦还在继续,满目的疮痍还在继续。还好,他是一位文人雅士,还有诗词解忧,一路上,他写了一首又一首寄予浓浓愁意的诗作。那不是为赋新词强说愁,是自然而然的表达发泄。还好,他是一位文人雅士,可以继续写一首一首爱国的诗作,唤起更多文人骚客的爱国之心。

几日后,他回到上海,回到城南草堂,那里是他安逸的小窝,他挥泪整理思绪,一鼓作气完成《辛丑北征泪墨》的组诗,并特意寄给自己的先生赵幼梅。

神鞭鞭日驹轮驰,昨犹绿发今日须。
景光爱惜恒欷歔,矧值红羊遭劫时。
与子期年常别离,乱后握手心神怡。
又从邮筒寄此诗,是泪是墨何淋漓。

这位德高望重的诗人,对弟子李叔同的诗作很是赞赏,也很是欣慰,他长大了,诗中蕴含着成熟的血肉,蕴含着真切的家国情感,他挥笔作了该诗。

5 记·学业有成

【祖国歌】

上下数千年,一脉延,文明莫与肩。纵横数万里,膏腴地,独享天然利。国是世界最古国,民是亚洲大国民。呜呼,大国民!呜呼,唯我大国民!

幸生珍世界,琳琅十倍增声价。我将骑狮越昆仑,驾鹤飞渡太平洋。谁与我仗剑挥刀?呜呼,大国民!谁与我鼓吹庆升平?

——李叔同

天津一行,李叔同沿途所见所闻所感,皆是那战乱劫后的荒凉光景,一路上他真真切切地感受着曾经的道听途说,心灵的震

第2章
海上风情：浓淡总相宜

撼更是可想而知。

回到上海后，他想了很多，思了良久，国之危难处，那些儿女情长的醉生梦死颇显幼稚，本就老成稳重的人更加地成熟。他不再一味醉心于诗词歌赋，迷恋于书篆戏曲，他要谋得自身出路，谋一条能够治国平天下的道路。

上天是眷顾他的，他不用寻寻觅觅凄凄惨惨戚戚，也没有众里寻它千百度，才下眉头，便在灯火阑珊处觅得良缘。1901年，经监督沈子培的提议，盛宣怀在南洋公学特意增设特班，意在科举之外选拔西学人才，以备经济特科之用，成绩优秀者即给予相当于举人、进士的身份。

南洋公学，如今上海交大的前身，1897年是由当地著名的官僚盛宣怀创立，资金来源几乎全是来自盛宣怀创立的铁路、电报、招商局等洋务企业，以教授新学为己任，从师范班到铁路班乃至外语班，可谓面面俱到，是当时中国普及西学最完备的院校，是民族资本家兴新学办校的典范，也是最为人才济济的学府。

那时的李叔同，一心想要报效祖国。他仍自以康君为师，想要师夷长技以制夷，他虽然知晓清政府的荒诞可笑，但那毕竟是自己的国家。他只想用自己的力量感化它、改变它，使它变强变韧变得无坚不摧，从不曾想过清政府的腐朽已深入骨髓无药可医，更没想过推翻重建。

可谓柳暗花明又一村，南洋公学特班，每批仅招生二十几人，这是当时清政府选拔人才的最合用途径，带有浓厚的官方气息。但这份气息却带着十足的吸引力，于他来说，无疑是一个绝佳的机会，是一部天梯，一条捷径。

那一年的秋天，风扫落叶，篱笆下的菊花，黄黄白白开了一地，他静静站在堂前，沐浴着秋日的暖阳，遥看外面那一片片金色的田地。又到收获的季节，那田里堆放着一丛丛收割下的稻秸，明日就要参加南洋公学特班的最后一轮考试，可这一次他能收获什么呢？两次科考的名落孙山，这一次，他能否觅到伯乐，赏识自己的才华抱负？

这一次真的不一样，那里有新学派人士蔡元培和张元济先生，他们都是在维新变法失败后南下上海，想要从教育方面着手，寻救国兴邦之路。

蔡元培先生，一副大学士的模样，带着圆圆的眼镜，蓄着两撇髭须，一张棱角分明的脸颇具威严。他曾任翰林院的编修，清政府对变法的疯狂打压让他大失所望，一颗心降到谷底，只黯然回乡，后被南洋公学再请出山，作特班中文总教习，至此便一心扑在教育上。

张元济先生，与蔡元培先生经历相仿。他在科举时代中了翰林，在变法时曾多次进言兴办新兴学堂，培养新型人才。那时他

第2章
海上风情:浓淡总相宜

意气风发,曾受过光绪帝的亲自召见,变法失败后,他不屑逃跑,在家静等砍头消息。只是他命不该绝,在李鸿章力保下,他南下上海,任南洋公学译书院院长。

这是一场颇为严肃的选拔,没有那些上不得台面的灰暗交易,两位先生秉着救国育人之心,举贤保才。一个人的际遇,影响着他的思想与觉悟,彼国难当头之地,两位先生,皆爱进步向上的有志之士。虽然不知那日李叔同的主考官是哪一位,但无论是谁,他都遇上了命定的伯乐,被录入特班也是在情理之中。

据与李叔同同期参与选拔考试的黄炎培回忆说:"我当时竟被张元济先生问到是否信仰宗教,当听说不信时,张先生很满意。"他是知识分子的进步代表,自是不希望自己费尽心思培育出的杰出人才有朝一日遁入空门,不理世事。

不知道李叔同是否被问及相同的问题。从小受到潜移默化的佛法洗礼,虽然没有唤醒意识,但他自是对佛教有所信仰,只是当若干年后张先生得知他剃度为僧的消息时,会不会后悔曾经教过他?

命运太过复杂,未来事交由未来评说。当下的他,以十二名的成绩成功挤入南洋公学特班,学业小有成就,他自小的寒窗苦读终于盼来一个满意答卷,等着他的,是一片全新的广阔天地。

他立在风中,瘦弱的身躯挺得笔直,门内母亲与妻子正在为自己收拾行囊，他即将独身一人离开草堂搬到学院宿舍，只是这次，他的心被希望填满，不再有寂寥和苦闷。

第一堂中文课，阳光透过窗棂，洒在讲台上。他安静地坐着，嗅着书本清新的味道，等着先生的到来。他知道，这里还有二十几个与自己一样的年轻人，一样的表情，一样的憧憬，一样的意气风发，一样地等着先生。

蔡元培先生推开门走了进来，他身着朴素的长袍，一张脸上写满了严肃。他走上讲台，推一推似乎要掉下来的眼镜，扫视下面坐着的每一个同学。看着那一张张写满朝气的脸，心中倍感欣慰，他们是迎着太阳的向日葵，是祖国的未来，是他救国希望的寄托。他迫不及待想要让他们长成参天大树。

没有客套，没有介绍流程，他直截了当地开始介绍中文课程的教学内容和计划。他说："特班生可学的门类很多，有政治、法律、外交、财政、教育、哲学、科学、文学、论理、伦理，等等，一共三十多门。你们每人可以自定一门，或两门，或三门。等大家各自选定后，我再给你们每人开具主要和次要书目……老师讲解辅导只是一个方面，而且是一个次要书目，主要靠你们自己去认真阅读领会……"

这里处处透着新鲜气息，学习渐渐步入正轨。上午英语、算术，下午中文，除此外，还有蔡元培先生要求上交的每天一篇的

第2章
海上风情：浓淡总相宜

阅读札记和每月的命题作文。

蔡元培先生关心着每一位学生的学习动向，每天晚上都会召集三两学生，进行谈心解惑。同学们都盼着轮到自己的那一天，李叔同也不例外，国家时事、学习方式，等等，太多太多，他想要一吐为快，也期盼着这位严厉却真心相待的老师为他指点迷津。

为人师表，蔡元培老师注重因材施教，也注重公平，每隔十天半月，每个同学都能谈心一次。那一日下课，他叫了李广平的名字，几天了，他想着，今天终于轮到了他。

他坐在先生的对面，看先生翻开自己的作文本，这一次的命题作文题目是《论强国对弱国不守公法之关系》。面对这样敏感的话题，他的一颗爱国心泛滥着，脑海里挥之不去的全都是刚刚签订的屈辱条约《辛丑条约》。于是他针砭时事，将一腔愤慨倾于笔下：

世界有公法，所以励人自强。断无弱小之国，可以赖公法以图存者。即有之，岁图存于一时，而终不能自立。其不为强有力之侵灭者，未之有也。故世界有公法，唯强有力者，得享其权利。于是强国对弱国，往往有不守公法之事出焉。论者惑之，莫不咎公法之不足恃而与强弱平等之理相背戾。

看到这样的文章，蔡元培先生满心欣慰，这才是堂堂中国男儿，敢想敢为。在温和的灯光下，他的脸慢慢褪下严厉的色彩，连上唇的髭须都柔软下来，他轻声说："广平啊，说说你作这篇文的触发点吧。"

这时候的他，依旧一心希望通过变法拯救国家，在选择学科时更是不假思索就选了法律。听到先生的话，那些心里激荡太久的言语终于有了出口，他推心置腹，侃侃而谈，谈变法，谈图强，他说："国家不富强，怎么会有什么国际公法来保护你呢？"

先生一直看着李叔同，仔细聆听，那柔软的目光里有赞许、有鼓励，他知道这个学生理性与感性并重，思维极具逻辑，口才也很是杰出，心中暗暗感叹江山辈有才人出，他日后成就必不平凡。

待李叔同讲完，他的眉毛已完全舒展，接口说道："时下我中国备受列强欺凌，自强自立是首要的。不过，你亦晓得兵法有云，知己知彼，百战不殆。不了解国际上的公法，不了解西洋各国情况，不啻为闭门造车啊。广平，你可以来修筑这座桥梁，将国际上的法学书翻译过来，介绍给国人。"

育人之师，必要言之有物，方能让人心悦诚服。蔡元培先生

第2章
海上风情:浓淡总相宜

便是如此,他常常对学生们说,"今日之学人,不但自己要学习新知识新思想,还要用学来的新知识新思想引导社会,开发群众"。

这句话,影响着李叔同的一生,他不再是以前那个只有进步思想的富家子弟,而是一个将进步思想辅助行动的有志青年。

后来,蔡元培先生回忆说:"我在南洋公学教过不少学生。在艺术方面成就最高,涉及领域最广,培育人才最多者,首推李叔同。在戏剧、音乐、美育等方面均有建树。"

"上下五千年,一脉延,文明莫与肩"。1904年,他与同班学生黄炎培一起参加了以兴学和演讲为主要内容的沪学会。沪学会由马相伯和穆藕初组织,那里开设着补习学校,为会员讲学,在那里,天资聪颖的李叔同很快学会了西洋作曲。

他以民间的《老八板》为原型,作了《祖国歌》。"纵横数万里,膏腴地,独享天然利",一句句切入人心的歌词,体现着中华民族昂扬的民族精神。"谁与我仗剑挥刀",朗朗上口的民间曲调,在沪上乃至全中国,传播深广。他不遗余力地传播着进步思想,积极投身于唤醒民众救国兴邦的大业之中。

1906年,李叔同在日本东京作《音乐小杂志序》。展现出了他在文学和艺术上的高深造诣和独到见解。

这是一篇优美的小品文,以风雅之文笔,极尽阐发音乐于人之性情的陶冶效用，从此文章中，会让人领略到音乐艺术的审美教育作用：

闲庭春浅，疏梅半开。朝曦上衣，软风入媚。流莺三五，隔树乱啼；乳燕一双，侬人学语。上下宛转，有若互答，其音清脆，悦魄荡心。若夫萧辰告悴，百草不芳；寒蛩泣霜，杜鹃啼血，孰砧落叶，夜雨鸣鸡。闻者为之不欢，离人于焉陨涕。又若登高山，临钜流，海鸟长啼，天风振袖，奔涛怒吼，更相逐搏，砰磅訇磕，谷震山鸣。懦夫丧魄而不前，壮士奋袂以兴起。呜呼！声音之道，感人深矣。惟彼声音，佥出天然；若夫人为，厥有音乐。天人异趣，效用靡殊。

这文章之中蕴含一种曲折婉转的美，是由三种迥异的自然景象引起相应的人的情感的发蒙，每种情感都是那般真切、壮丽。

文章的开篇，就如同艳丽的晨光，在风和日丽的光景里荡漾成了一支柔婉的曲调。那些莺莺燕燕欢欣地飞舞着，它们将快乐都写在了翅膀里，仿佛每一寸空气都荡漾着幸福。

当人们沐浴在这柔柔暖暖的曲调中，转而进入了一片凄切之境遇。与之前的温暖柔美形成了强烈的对比。秋风呼啸而过，带走了万物的芳华，草木凋零，虫儿凄鸣，杜鹃鸟，悲啼欲绝。寂

第 2 章
海上风情:浓淡总相宜

寥的捣衣石,已经被凋零的落叶撒满,每一片枯槁的残叶,都在瑟缩地讲述一个悲伤忧愁的故事。在那个风雨交加的夜里,鸡鸣之声幽幽咽咽,更引起离人乡愁阵阵。"闻者为之不欢,离人于焉陨涕。"此一句则写尽了天涯人的忧伤和苦痛,试问,天下间,谁人不曾经历离别的悲愁?这一部分,文章的笔调已经在一片哀伤惆怅中降到了一个最低点。

然而,下一部分,峰回路转,在柳暗花明中笔调再转。展现出的是一种宏大的辽阔。在高山绝顶之上,去俯瞰大海湍流,海浪滚滚猛烈地拍打着海岸,也拍动人的心弦。海鸟在冲飞,用坚毅的翅膀,波及海浪。在怒吼的狂狼中,舞出一个又一个壮美的雄姿。汹涌澎湃,惊天动地!足以让懦夫丧胆而退,然而,真正的勇士见到这雄壮的景象则会放声高歌。在一系列情境的转换后,最后由衷叹出:声音,蕴含着深刻的哲理,是如此地动人心魄、感人心扉,唯有那样的天音地鸣、风声鹤唳,皆由大自然产生。

一个简单的序曲,为我们展现出的是的一幅幅美丽的景致和画面。由此可见,艺术的灵魂已经深深地根植在了李叔同心里。并且,在后来,李叔同又幸运地遇到了一位伯乐。

近朱者赤,近墨者黑,蔡元培先生是他的良人伯乐,带给他高层面的洗礼。

过关斩将间,他入南洋公学特招班,学业小有成就。在先生的悉心教育下,他渐渐升华了人生价值观,真正地学有所成,他是低着头的向日葵,太阳出来了,光明闪耀大地。

第 3 章 为情飞翔：

不禁泪双垂

1 悲·痛失慈母

【梦】

哀游子茕茕其无依兮,在天之涯。惟长夜漫漫而独寐兮,时恍惚以魂驰。梦偃卧摇篮以啼笑兮,似婴儿时。母食我甘酪与粉饵兮,父衣我以彩衣。月落乌啼,梦影依稀,往事知不知?泪半生哀乐之长逝兮,感亲之恩其永垂。

哀游子怆怆而自怜兮,吊形影悲。惟长夜漫漫而独寐兮,时恍惚以魂驰。梦挥泪出门辞父母兮,叹生别离。父语我眠食宜珍重兮,母语我以早归。月落乌啼,梦影依稀,往事知不知?泪半生哀乐之长逝兮,感亲之恩其永垂。

——李叔同

阴阳交替,四季轮回,是亘古不变的定律。物极必反,荣辱

第3章
为情飞翔：不禁泪双垂

兴衰，不知是上帝太过无聊还是世道太过无常，当他在蔡元培先生的教诲下，意气风发地吸收新的知识，结识同样意气风发的新朋友时，一个波浪袭来，搅乱了那平静的一汪秋水。

1902年，慈禧太后和光绪帝西狩回京，下令各省补行庚子年的乡试，并另加了辛丑年的恩科考试。意气风发的南洋公学学子们自是不愿放弃这样的机会，很多学生都参加了乡试。一心想要报效朝廷的李叔同也是不落人后，去了杭州，参加农历八月初八由杭州贡院主持的恩科第一场考试。

那时，他不知道，一出荒诞的闹剧正在由此展开。

在乡试的第二场，便有考生闹事，与考官大声争辩，据说率先闹事的便是南洋公学的学生。他们是受过新思想教育的莘莘学子，自是不满清政府的迂腐自守，不满考卷的内容，毅然决然退出考生行列。

他也毅然退出了，这次科举考试让李叔同很是失望，也很是惆怅，难道走仕途报效祖国的愿望只能是一场空了心事？

只是一切还没有结束，改革总是要历经风雨才能见到彩虹。新旧交替的时候，南洋公学行在时代的前端，新旧思想针锋相对，矛盾冲突日益尖锐，一点星星之火，便能摧枯拉朽地引燃炸药，以迅雷不及掩耳之势粉碎表面和平。

这点星星之火，便是一个小小的墨水瓶事件。郭震瀛，南洋公学守旧代表教员，对那所谓的新思想很是嗤之以鼻，他明令禁止学生阅读当时的进步刊物，造成了进步学子的极度不满。

为了泄愤，具有恶作剧天分的几个学生在他的椅子上放了一个墨水瓶。当他不小心上了套时，便恼羞成怒，借题发挥，上报校方处理相关学生。

听说此事，校方也毫不含糊，对此严肃处理，并实行了开除等极端手段。当教育只剩一个教字，一切都成了教训，何一个不满了得！学生的不满情绪变成了大大的愤怒，罢课，退学，大风吹过，一场轩然大波。

蔡元培先生多番努力与校方协商，只是破镜难圆，表面的和平一旦打碎，便再难回到当初。

一次次的失败，一次次的心灰意冷，思想和价值层面的矛盾太难调和，犹如一道鸿沟难以逾越。1903年11月16日，蔡元培先生带着他特班的心爱学生，集体退学，转入蔡元培筹资兴办的爱国学社。

这便是中国现代教育历史上沸沸扬扬的第一次退学风潮，有论者曰：今日之事，为我学生脱离专制学校之新纪元。

世事变得太快，公道自在人心。这一次，李叔同对行将就木的清政府，对旧日腐朽思想的顽固不化彻底失望，他积极响应蔡元培先生的号召，他是他的高徒，他是他的崇师。

第3章
为情飞翔:不禁泪双垂

一波未平,一波又起,他体弱多病的母亲,这一次更是一病不起,已然时日无多。

自记事起,母亲便是一副温温婉婉娇娇柔柔的模样,她伴自己走过幼年的点点滴滴,度过青年的坎坷远行路,这么多年,她一直在自己身边,从未离开过,他竟不知,母亲的额发已斑白许多,脸上的皱纹已添了几许。

原来母亲已然苍老,在自己越发俊朗年轻的时候。这是不是成长最残酷的代价,每一个母亲,每一个孩子,都逃不脱的宿命般的代价。

他第一次真真切切地觉得害怕,害怕母亲永永远远地离开自己,他不敢想象没了母亲的日子会是如何。这一刻,他只是一个平平凡凡的儿子,没有那些忧国忧民的壮志凌云,没有那些风花雪月的红颜知己,只有母亲,因自己苍老的母亲。

那夜,他坐在熟睡的母亲榻前,有一刀没一刀地刻着一枚方印,思绪早就跑到天津那一方院落。他看到了,那还带着几分懵懂的小小孩童,在母亲的温柔耳语下,笑得山花烂漫。他看到了,母亲自小的细心呵护,她教会他读书,教会他做人……

一头浓密黑亮的长发挽成简单的髻,略施粉黛的脸泛着健康的光彩,这是他记忆深处的母亲,没有苍老,也没有残酷的时光印记。

门吱呀一声打乱了他的思绪,他回头看见妻子轻手轻脚地走了进来，用眼神示意他回房休息。他摇头拒绝，他想要陪在母亲的身边，分分秒秒地陪在母亲身边。

妻子心疼他，前来拉扯，他死活不愿起身，就在两人争执之时，床上传来母亲断断续续的咳嗽声。他埋怨地瞥了妻子一眼，怪她拉扯的声响惊动了好不容易睡着的母亲。

"涛儿……涛儿……"床上虚弱的母亲在有气无力地唤着他的名。

他赶紧放下刻刀，凑了过去，可是母亲让他准备后事的话语刹那间让他的一颗心沉到谷底。母亲只是四十六岁的年纪啊，这道坎她真的迈不过去吗，老天真的会这么早带走自己最敬爱的人吗？

他细细打量倚在床头的母亲，那张原本清秀端庄闪着光彩的脸庞，竟已枯槁憔悴，脱了相了。他强忍着心中的悲伤，安慰母亲睡下，那夺眶欲出的眼泪却再也忍不住泛滥成河。他奔出房门，看见站在梨树下的妻子掩面而泣，雪白的梨花洒落一地。

一夜未眠，他想到宋贞曾说过的话，或许，买个棺木冲一冲，阎王爷就会真的放母亲一马。那就试一试吧，他不能就这么眼睁睁地看着母亲衰竭，没了呼吸。

天亮了，母亲的气色稍稍好了些，他的一颗心也暂时安了下来。他嘱咐妻子两句，出门为母亲寻一顶上好的棺木。那时，他一心为母亲祈祷，从未想过，这一离开，竟会错过母亲最后的时刻。

出门不到两个时辰，他正和人说着话时，一阵心慌袭来，他

第3章
为情飞翔:不禁泪双垂

只觉整个天地都在旋转,一瞬间,他想到了母亲,还未定下神便朝家的方向奔去,心里一遍一遍地告诉自己:不会的,不会的。

不知何时飘落的雨丝打湿他的长袍,打湿他的发和脸颊,他用袖子胡乱擦着脸上的水,不知雨水有几分,泪水又有多少。他不知如何回的城南草堂,他只知道,当自己湿漉漉地站在草堂门口时,一切都晚了,母亲已经离自己那么远。

他恨自己,为何在母亲生命的最后时刻没能陪在她的身边。她四十六年的时光,短短的苦难一生,唯一的儿子竟没有在最后的时光里伴于膝下,这是不是她今生最大的缺憾?

她走了,虽爱子不在,但神态安详,脸上噙着一抹祥和的微笑;她走了,在细雨如丝、朦胧如烟的春季;她走了,院内如雪梨花,惨败一地。

他跪在她的床前,一遍又一遍地呼唤着母亲,只是室内只有他抽泣的声音,他再也听不到母亲柔软唤他涛儿的声音。

泪落在地板上,一滴一滴,声声不绝。

母亲死了,在他的眼里,这世间失了彩色,上海的一切都失了意义。落叶归根,他带着母亲的灵柩,踏上了归乡之旅。

六年前,他带着母亲妻子,带着踌躇满志,带着对自由的想往,来到这十里洋场。六年后,他带着妻子,多了两个幼子赶回津门,可母亲,只余了一只棺柩。

一切并不顺利，他再一次感受到了旧时礼教的不近人情。"外丧不进门"，传统保守的李家家族长辈们及二哥文熙执意不让母亲进家门。李叔同争执不下，只得把母亲的棺柩停在了李家老宅的那个三合院，那个母亲生他的地方。

他发誓要为母亲办一场与众不同的葬礼，没有形式主义的旧时规矩，没有披麻戴孝的哭丧场面，没有漫天飞舞的纸钱，也没有吹吹打打的送葬景象，有的只是简简单单的告别，简简单单的吊唁。

这应该就是现在追悼会的起源吧。葬礼那天，灰蒙蒙的天空写满阴霾，他站在母亲的灵柩前，对着前来吊唁的亲戚朋友还礼，整个场面庄严肃静，没有号啕大哭的嘈杂，他的母亲走得安安静静。

"我的母亲很多，我的生母很苦"，这是他曾对丰子恺说的话。母亲的一切，他都亲力亲为，亲自撰写祷词，亲自演奏挽歌，葬礼后，更是把名字改为"李哀"以示哀思，他是儒士孝子，是"新世界之杰士"。

梦挥泪出门辞父母兮，叹生别离。夜已深，他低声吟唱这首《梦》，不禁潸然。

感时花溅泪，恨别鸟惊心，慈母已逝，他心痛难平复。只是逝者长已矣，他只能泣半生哀乐之长逝，感亲之恩其永垂，只能长叹一句：母亲，一路走好！

第3章
为情飞翔:不禁泪双垂

2 去·远渡东瀛

【金缕曲】

　　披发佯狂走。莽中原,暮鸦啼彻,几枝衰柳。破碎河山谁收拾,零落西风依旧,便惹得离人消瘦。

　　行矣临流重太息,说相思,刻骨双红豆。愁黯黯,浓于酒。漾情不断淞波溜。恨年来絮飘萍泊,遮难回首。

　　二十文章惊海内,毕竟空谈何有?听匣底,苍龙狂吼。长夜凄风眠不得,度群生那惜心肝剖?是祖国,忍孤负!

——李叔同

　　1905年对他来说,是被泪水和悲伤侵蚀的一年,也是面临重大转折的一年。春寒料峭时,他痛失慈母;七月流火时,科举彻底土崩瓦解,他面临前途未卜的窘境;秋日阑珊时,他作出重大决定,抱着艺术救国的决心,告别妻儿,留学东瀛。

生于斯,长于斯,他写,"行矣临流重太息,说相思,刻骨双红豆"。故国虽已山河破碎,但家国情,是长到骨子融进血液里的,在临别之际,依依不舍的留恋之情是真真切切、刻骨铭心的。

他作这首《金缕曲》,以"留别祖国并呈同学诸子",天津、上海,上海、天津,几年来,他南北漂泊,虽然也曾"二十文章惊海内",但一介书生,那所谓的救国图存,毕竟空谈何有。于情感,他不忍,不忍离去,他不舍,不舍家国;于理智,他不得不丰满自己,为了归来,为了家国。

是祖国,忍孤负!

他有一颗炙热的爱国之心,他是赤子,身上潜蕴着屈原、岳飞、谭嗣同一般的正义感,拥有甘愿为国抛头颅洒热血的耿直率真,那是还未被唤醒的佛性光辉,不容忽视的人之本性。

清末明初,留学日本的中国青年甚多,名人也甚多,政界、军界、文人三方多如牛毛,周恩来、李大钊、蒋介石、陈独秀、鲁迅、郭沫若、田汉、郁达夫……连中国第一个资产阶级政党,后来推翻清政府的腐朽守旧势力的同盟会也是在日本的东京成立的。

第3章
为情飞翔:不禁泪双垂

张之洞在《劝学篇》中说:"至游学之国,西洋不如东洋,一、路近省费可多遣;二、去华近易考察;三、东文近于中文,易通晓;四、西书甚繁,凡西学者不切要者,东人已删节而酌改之。中东情势风俗相近,易仿行,事半功倍,无过于此。"

这是大多中国学子选择留学日本的原因,只是李叔同是个例外。他不是为了政治,更不为跻身军界,他虽一身文学细胞,但这一次,他是为文艺而慷慨赴外。有人说,他留学日本,**把现代的话剧、油画和钢琴音乐输入中国**。

日本,海那边的东瀛岛国。那里的春天,樱花如火如荼地盛开着,一簇簇,花枝烂漫,掩不住的惊世繁华;一片片,**花落满地**,抵不住的花香满园。

花期短促,壮美惨烈,那是如烟花般美妙绝伦的稍纵即逝,是浪漫爱情的代名词,爱她,就带她去北海道看樱花吧,给她一场梦幻,还她一生浪漫。

只是,在李叔同的眼里,没有樱花,没有浪漫的单纯,那里只是离中国最近的新思想与新知识的集散地,是他人生的一个中转站。那时他不知道自己会遇到爱情,没想到那里正有一场命定的风花雪月,等他赴约。

那里,是一个新鲜的地方,是一个与祖国完全不一样的地方。那里没有长袍马褂,没有麻花长辫,入乡随俗,早就对旧时迂腐思想极为不满的他没有丝毫犹豫，剪了长辫，换了装束，完全一副西洋人的做派。

据丰子恺回忆，在光绪年间的上海，他还未出国留学，那时他已然是上海滩最时髦的打扮，"丝绒碗帽，正中缀一方白玉，曲襟背心，花缎袍子，后面挂着胖辫子，底下缎带扎脚管，双梁厚底鞋子，头抬得很高，英俊之气，流露于眉目间。真是当时上海一等的翩翩公子"。

不俗即仙骨，多情乃佛心。那时他是年少多金、才高八斗的公子哥，自是一副风流倜傥的晚清富家子弟装扮。而现在，他是远赴他国的留学生，装扮自又是另一番光景。

丰子恺回忆说："我见过李先生在日本时的照片：高帽子、硬领、硬袖、燕尾服、史的克（手杖）、尖头皮鞋，加之长身、高鼻，没有脚的眼镜夹在鼻梁上，竟活像一个西洋人。这是第二次表示他的特性：凡事认真。学一样，像一样。要做留学生，就彻底的做个留学生。"

他换了装束，换了面貌，换了心境，从一个长袍马褂的贵公子，变为健康洒脱的留学青年。

初到东京的时候，他住在位于神田区今川小路二丁目三番地的集贤馆。虽然在南洋公学时学过日语，但那只是九牛一毛，想要在上课时完全听懂有相当大的难度。于是，他找了一个日语语

第3章
为情飞翔：不禁泪双垂

言学校进行学习，加强在口语和听力方面的训练。

在这里，他方向明确，即进行美术专业的学习。这是他极具天分的专业，他要在文艺救国这条路上坚定地走下去。

天分是夜，人心为根，只要一个人的信仰不被打垮，在哪儿都能拥有热情，坚持对的方向。他就是这样，依然对新文化救国热情不减。

他与当时在日本留学的朋友们一起筹划创办了一份《美术杂志》，只是国之怯弱，当稿件准备得差不多时，日本文部省颁布了《取缔清韩留日学生规则》。一切都被搁置，有时候，人在屋檐下，就不得不低头。

不公平的规则激起了留学生的民愤，罢课、游行的呼声此起彼伏，更有学生陈天华蹈海自尽以励国人。只是，国微力薄，在日本人眼里，一切就像小丑的演出，他们不屑一顾。第一次，李叔同感受到了弱国国民的强烈悲愤是多么地无力。

只是他还不想回去，他不能两手空空地走一遭，只留下屈辱和不屑。他要坚定地留下来，不管那些出言不逊的谩骂和不屑一顾的白眼。

留下了的李叔同，把家搬到了上野不忍池畔的一所小白楼里。那是一个令人着迷的地方，巨树擎天，古刹幽深，风景如画，色彩斑斓。不忍池春夏秋冬，四时风景，各具韵味，春意昂扬的奔放，夏荷婆娑的热情，秋草凋敝的萧瑟，冬雪端庄的宁静……每一季，都撩人心弦。

在美景中，他离群索居，孤独与寂寞让人清醒，他没有亲人相伴的春节，他用冻得发木的手写下一篇篇诗作，为同胞们送去星星之火。

"独坐幽篁里，弹琴复长啸。深林人不知，明月来相照"。他偏爱王维，这段深入简出的日子，他过得安分，行得坦然。直到1906年的夏天，他罹患肺结核，终于决定回国休养，那时他已经如愿接到东京上野美术学校西画科的入学通知。

人病墨池干，南风六月寒。
肺枯红叶落，身瘦白衣宽。
入世儿侪笑，当门景色阑。
昨宵梦王母，猛忆少年欢。

这首《人病》便是李叔同在罹患肺结核后所作的，他病了，磨砚干了，六月的热风只觉彻骨的寒冷。肺枯了，咳嗽不停，窗外红叶片片飘零。身瘦了，衣带渐宽，门边只有寥落的风景。昨夜梦浅，他去了瑶池，见了王母，一切美好如斯，他回忆起那段少年欢时。

第3章
为情飞翔：不禁泪双垂

病时总是容易脆弱，容易怀旧，容易想念亲近之人。他回家了，越过大洋，跨过万水，去寻一丝慰藉。

鸡犬无声天地死，风景不殊山河非。
妙莲华开大尺五，弥勒松高腰十围。
恩仇恩仇若相忘，翠羽明珠绣裲裆。
隔断红尘三万里，先生自号水仙王。

他回了天津，见到了守在老家的妻子。妻依旧沉默着，像一颗原地旋转的陀螺，固守自封；两个幼小的孩子眼中写满活泼，他看到了自己的影子，只是他们和自己小时候一样，被锁在这个封建的大家庭中，看不见外面一日千里的世界。

他去了大观楼，见到了那个记忆中的女子。他们依旧一个台上，一个台下，只是他再也找不到那个单纯好学的少女了，那个只爱唱戏的女子早已惹了风霜，变成了一个身段妖娆、眼神妩媚的欢唱女子。她一颦一笑的风情万种魅惑众生，她撩人娇嫩的唱腔让台下的男人们癫狂。一切的一切，他只觉庸俗不堪，终于耐不住起身离去。

多少年了，一切早已物是人非，他几乎认不出台上的女子，台上的女子也早已记不起台下坐着的他。

故国鸣鹁鸽,垂柳有暮鸦。

江山如画日西斜。

新月撩人透入碧窗纱。

陌上青青草,楼头艳艳花。

洛阳儿女学琵琶。

不管冬青一树属谁家,

不管冬青树底影事一些些。

他借古讽今,大好河山颓败凋零时,国人不知危难,不思进取,沉醉于声色犬马中,真是商女不知亡国恨,隔江犹唱后庭花啊!

离乡只不过短短一载,家国气氛让他悲愤。一个好好的天津城,一个好好的国家,就这样被列强点点地瓜分,可国人却依旧麻木不仁,因循守旧,醉生梦死。

悲矣,悲矣!那冬青一树,究竟属谁家?属谁家!

见识过日本王朝的朝气蓬勃,他的视野渐渐打开,思绪也不再局限小家小国,他叹息,他愤慨,他想要唤醒那一颗颗麻痹的心。

两个月后,他再次东渡日本,雄锵锵,气昂昂,那份文艺救国之心,又坚定了几分。

第 3 章
为情飞翔：不禁泪双垂

3 汇·才华横溢

【我的国】

　　东海东，波涛万丈红。朝日丽天，云霞齐捧，五洲唯我中央中。二十世纪谁称雄？谁看赫赫神明种。我的国，我的国，我的国万岁，万岁万万岁。

　　昆仑峰，飘渺千寻耸。明月天心，众星环拱，五洲唯我中央中。二十世纪谁称雄？谁看赫赫神明种。我的国，我的国，我的国万岁，万岁万万岁！

——李叔同

　　闲庭春浅，独自一人在上野不忍池畔居住的他仍在燃烧着，他一时一刻都忘不了仍处于水深火热中的祖国。

他汇所有的才华，开始着手筹办《音乐小杂志》，这是中国人创办的第一本音乐启蒙类刊物。当年在沪学会创作的《祖国歌》的大肆流传，使他第一次感受到音乐艺术的独到魅力——教化民众，鼓舞国人。这一次，他迫不及待地想要把西方音乐的理论知识传授给国人。

1906年2月8日，经过几个月的不懈努力，这份音乐刊物的第一期正式出版了，这是第一期，也是唯一的一期，并于20日由好友尤惜阴在上海代为发行。

在乱世之中，想要闯出自己的一片天地，并不是那么容易的一件事。在这唯一的《音乐小杂志》中，他集编辑和撰稿于一身，倾注了全部心血，除亲自挑选了当时日本的田村虎藏、村岗范、堤正夫等几位著名音乐家的作品外，所有的内容他全部包揽。

刊物充实，内容丰富，集音乐、杂感、绘画等为一体，发表有《音乐小杂志序》、《近世乐曲大意》、《我的国》、《春郊赛跑》、《隋堤柳》、《论音乐之感动力》、《呜呼！词章！》等十几篇稿件。

在署名息霜的序言中，他这样写道：

闲庭春浅，疏梅半开。朝曦上衣，软风入媚。流莺三五，隔

第3章
为情飞翔：不禁泪双垂

树乱啼；阮燕一双，依人学语。上下宛转，有若互答，其音清脆，悦魄荡心。若夫萧辰告悴，百草不芳；寒蛩泣霜，杜鹃啼血；孰砧落叶，夜雨鸣鸡。闻者为之不欢，离人于焉陨涕。又若登高山，临钜流，海鸟长啼，天风振袖，奔涛怒号，更相逐搏，砰磅訇磕，谷震山鸣。懦夫丧魄而不前，壮士奋袂以兴起。

夫音乐，肇自古初，史家所闻，实祖印度；埃及传之，稍事制作；逮及希腊，乃有定名，道以著矣。自是而降，代有作者，流派灼彰，新理泉达，瑰伟卓绝，突轶前贤。迄于今兹，发达益烈。云水涌，一泻千里。欧美风靡，亚东景从。盖琢磨道德，促社会之健全；陶冶性情，感情神之粹美。效用之力，宁有极欤。

一篇小小的短文，颇具古诗文功底。"盖琢磨道德，促社会之健全；陶冶性情，感情神之粹美"，这是李叔同的音乐观，是他创办音乐刊物的主旨所在。他拼一己之力，提倡文艺教育，不只是因为兴趣和自身天赋，更是为提高国民素质。

在这本杂志的扉页上，郝然立着的是他亲笔所画的木炭画《乐圣比独芬像》，比独芬即贝多芬。这是中国人为贝多芬绘制的第一幅画像，也是中国人为西方音乐家绘制的第一幅画像，他对这位失聪的伟大音乐家推崇备至，还在刊中专门撰写了《乐圣比独芬传》。

我国近世以来，士习帖括、词章之学，佥蔑视之。晚近西学输入，风靡一时，词章之名辞，几有消灭之势。不学之徒，习为蔽冒，诋其故典，废弃雅言。迨见日本唱歌，反啧啧称其理想之奇妙。凡吾古诗之唾余，皆认为岛夷所固有。既齿冷于大雅，亦贻笑于外人矣。（日本学者，皆通《史记》、《汉书》。昔有日本人，举史汉事迹，质诸吾国留学生，而留学生，茫然不解所谓，且不知《史记》、《汉书》为何物，致使日本人传为笑柄。）

这是他在《呜呼！词章》里的一段话，文最在言之有物，才华文采有之，思想有之，才算功德圆满。新旧文化交替之际，一个"度"字很难把握，他的这段话，便道出其中道理：对待文化，不能太过偏激，全盘接受和全盘摒弃，只会遭人耻笑。

破与立，他们对此殚精竭虑，争论不休。无论是旧时传统文化，还是西洋新文化，取其精华，去其糟粕，才是亘古不变之理。

东海东，波涛万丈红。朝日丽天，云霞齐捧，五洲唯我中央中。二十世纪谁称雄？谁看赫赫神明种。我的国，我的国，我的国万岁，万岁万万岁。

昆仑峰，飘渺千寻耸。明月天心，众星环拱，五洲唯我中央

第3章
为情飞翔：不禁泪双垂

中。二十世纪谁称雄？谁看赫赫神明种。我的国，我的国，我的国万岁，万岁万万岁！

三月，上野的樱花绽放，放眼望去，一树树，一簇簇。在这漫天的花雨中，他的思绪飞扬，飞到海的那一岸家乡，那一朵朵花瓣，化作一个个美妙的音符，在五线谱上飘舞，一首激昂澎湃的《我的国》便跃然纸上。

不忍池，宽永寺，三百年前形成的千树樱花林，一夜之间全部绽放，那空前绚烂的樱花大道，迷住了一个又一个的文人墨客，连鲁迅先生都留下了深刻的印象。

樱花花期短暂，当那曾经繁如云白如雪的花瓣颓败一地，春天已只剩一小小尾巴。夏已近，"接天莲叶无穷碧，映日荷花别样红"，不忍池中那硕大的荷叶挨着挤着闹着，风吹过，稀稀疏疏绕篱竹，那粉白的花瓣带来一池清香。

他是天生的诗人，拥有一颗感性之心，怎会不被这寂美壮观的景色所动，怎会辜负这满树樱花？这一池荷花，这多彩丛林，怎会不写下这一篇篇精彩的诗文？

凤泊鸾飘有所思，出门怅惘欲何之？
晓星三五明到眼，残月一痕纤似眉。

秋草黄枯菡萏国，紫薇红湿水仙祠。

小桥独立了无语，瞥见林梢升曙曦。

早秋时分，他踏着晨露，来到那不忍池边。夜色还未散去，晓星三五，残月一痕，满池败荷潦倒，晨雾缭绕间，那森然的宽永寺矗立在这不忍池畔。他望向那一池秋水，去寻觅那一段隐在荷花时节的浪漫鸳梦……

日本的汉诗与中文的古诗是相通的，李叔同极具文艺天分，但在诗词创作方面却一直是最出类拔萃的。初到日本的那几个月，虽然他日语口语方面不够流利，但仍然与象森槐南、本田种竹等一些日本的著名汉诗人相谈甚欢。

1906年的夏天，他成为了一个名叫随鸥吟社的日本诗歌社团成员。在这个诗社中，他与日本的汉诗人一起进行诗词交流，在往来唱酬中，写出一篇篇动人的诗篇。其中这两首以李哀之名所创的《东京十大名士追荐会即席赋诗》保留至今：

苍茫独立欲无言，落日昏昏虎豹蹲。

剩却穷途两行泪，且来瀛海吊诗魂。

故国荒凉剧可哀，千年旧学半尘埃。

沉沉风雨鸡鸣夜，可有男儿奋袂来。

第3章
为情飞翔:不禁泪双垂

他是在异国他乡的漂泊游子,回眸望祖国的颓败风景,他看不到民族的未来,看不到国家的前途,他感慨几千年的传统文化全部化为半粒尘埃。可是他没有太过悲观,他坚信在风雨沉沉的夜色之后,在鸡鸣报晓之时,一定会有阳光普照的时候。

1906年9月,他把名字改为极具有积极意义的李岸,正式进入东京上野美术学校学习。他的日本留学生涯进入顺利的上升期,他不断进取,那些横溢才华,发挥得淋漓尽致。

他还加入了日本一个综合性的文艺团体——"文艺协会",以及日本的书画家组织的"淡百会"。这些雅极一时的会社,他与会员一起,当筵泼墨,吟诗赋词。他一边进行西画专业课的紧张学习,一边进行刚刚兴起的戏剧学习,一边参与会社的各项活动。

那里是一方新的天空,有新的志同道合的朋友,有崭新的知识在等着他,有更多创新壮举在等着他。他的每一天,都是新鲜的,都洋溢着别样的风采。

他,汇横溢才华,闪耀在异国的天空下,风吹过,惊起一次涟漪。

4 恋·回归祖国

【满江红】

　　皎皎昆仑,山顶月,有人长啸。看囊底,宝刀如雪,恩仇多少。双手裂开鼷鼠胆,寸金铸出民权脑。算此生不负是男儿,头颅好。

　　荆轲墓,咸阳道;聂政死,尸骸暴。尽大江东去,余情还绕。魂魄化成精卫鸟,血花溅作红心草。看从今,一担好江山,英雄造。

——李叔同

　　居日五年,他成就斐然。求学四年,他成绩突出,名列前茅,

第3章
为情飞翔:不禁泪双垂

在同班的五名本科生中,每次考试都名列第一。1910年,学校因他杰出的表现授予他精勤者证书。

1911年3月,他以优异的成绩从美术学校毕业。4月,他买了回归故里的船票。离乡已经四年了,这一次,他满载而归,除了学富五车的文艺知识,还有摩拳擦掌的蠢蠢欲试之心,以及一位堪称红颜的日籍妻子。

每一位远赴他乡求学的学子们,在那些独自一人奋斗的日子里,无时无刻不在思念着海峡另一岸的祖国,思念那故国的景、故国的人。他们忍受着白眼和落寞,吞下寂寥与心酸,只为了学成这一日,只为了回归故里这一天。

他带着满满的思念,带着对未来无限的憧憬,回到那熟悉的国、熟悉的家。他希望那里已经有所改变,希望等着自己的是一片广阔的舞台,希望自己有用武之地。

站在游轮的甲板上,天是蓝的,海是咸的,风是缠绵的。他极目远眺,只觉思绪万千,回头望,三十一载,人生已过去大半。他觉得自己像是在攀爬一座佛塔,在既定的轨道上螺旋上升,他活过一轮又一轮,每一轮都是一个更高层次的自己。

回国,他的人生开始全新的一轮,他不知那片天空是否辽阔,也不知英雄是否有用武之处,他只知,如今的他和五年前截然不同,他是全新的自己,站在一个更高的起点之上。

岸近了,他嗅到了久违的气息,这是属于祖国的独特气味。又见上海,这个被称为十里洋场的城市,给了他最幸福的几年,回忆蔓延,那种说不出道不明的思绪把整个心房全部填满。

他把日籍爱妻安顿在上海,便起身回天津城。那里有他明媒正娶的妻,虽然本来就没几分的爱意早已在时光的洪流里消磨殆尽,但她却仍是自己明媒正娶的妻。

故园依旧立在那里,几年的雨打风吹虽然已使这座宅院显露出一丝沧桑的色彩,但却没有吹断那封建的礼教,那守旧的传统依旧将李氏家族紧紧束缚。

他跨进大门,在满屋迎候的人中,他看到了站在角落看着他的妻子。四年的光阴在她的脸上留下了点点印记,但却影响不了她周身端秀娴静的气质。她穿越人群望向自己,带着思念与渴望,泪眼婆娑,他是她一生一世的夫君,是她放不下的念想。

这样真挚的目光,让他不敢对视。她是自己的妻,却不是自己的爱人。他的爱人,在上海等着他。封建传统的门当户对,把她推向他,却没把爱情推向他,这一生,他终究是要负她的。

他看向妻子身边的两个孩子,他们一左一右,伴在她的身边,却用怯怯的眼光看着自己。他走时,他们还小,少不更事的年纪,他们已不记得他,父亲这个词语,仅仅成了一个简单的称谓。

他走向他们,妻子慌着拉起他们的小手,把他们拽到身前来,

第3章
为情飞翔：不禁泪双垂

低声命令道："快，叫爹啊。"

可是，那两个孩子，只是怯怯地沉默着，死命往母亲的身后躲。

他顿住脚步，这是他的孩子，视他为陌生人的孩子。在封建家庭锁住童年自由的孩子，从他们身上，他再次看到了自己的影子。这让他害怕了，他们会不会像自己一样，不能为自己而活，不能自由自在地活着？想到这里，他不自觉地向后退了一步。

家道中落，早在庚子之乱后，清王朝加强了对盐商的控制，以此应对日益严重的财政危机。盐商们只有拿出比原来多好多的资金才能将生意维持下去，不得已，李家放弃了曾经利润丰厚的盐商生意，在1902年的时候，李文熙将内黄引地出让，彻底放弃了盐商身份。

不再贩盐，这意味着李家只有银钱业一种生意。只是好景不长，1903年，因为银根短缺，爆发了银色风潮，李家的桐达号也牵涉其中；1909年，源丰股票号炒股失败，李家损失十万；1911年的春天，义善源票号也失败倒闭，李家再次损失十万；这一年，勉勉强强支撑着的桐达号再也撑不下去了，只得宣告歇业……至此，李家生意每况愈下，再也无法恢复元气。

富贵终如草上霜，十二岁写下的诗句一语成谶，他心里不免五味杂陈。如此乱世，民族堪忧，朝不保夕，李家的未来生计，前景堪忧。只是多年来，他一直将金钱置之度外，对李家生意不甚了解，对经营之道更是向未留心，一切变故他都无能为力。

他只能用自己的方式，做自己的事。应老友周啸麟之邀，他担任了直隶高等工业学堂的绘画教员。他摩拳擦掌，想要在春蚕吐丝的教师生涯中，将西洋的美术理念融进工业产品的外观设计中。

只是，命运总爱往头上泼凉水，他很快意识到，传统守旧的中国人对西洋绘画了解甚浅，将画中的大胆开放视为不知羞耻的搔首弄姿。那幅他挂在书房的油画《出浴》，便在家中起了千层浪，在天津城掀起轩然大波。

在天津的文化圈子里，姑且不是欣赏一类，真正见识过西洋画作的所谓文人雅士也是屈指可数。他们不知塞尚、马蒂斯，不知印象主义、象征主义，不知蒙娜丽莎、文艺复兴……这些他爱的美妙事物，如今只是对牛弹琴的存在。

他只觉自己从云端跌落到另一个时空，那些所谓的用文艺教化世人的凌云壮志，突然变成了一个笑话，远远地嘲弄着他。这位从东京上野美术学院回来的高才生，想要当画家的理想有些无力地瘫软下去。

躲进小楼成一统，他的日子回到了从前，简单纯粹。除了去学堂授课外，几乎所有的时间都消磨在了他那间洋书房里，弹琴

第3章
为情飞翔：不禁泪双垂

作画、会师见友、备课学习……

他见着了他，袁希濂，"天涯五友"中的老大哥，他也留学归来，在天津城任法官。那段日子，他们凑在一起，谈往昔，谈天地，他仿佛回到了城南草堂——他们义结金兰的光景，才情勃发的光景，恣肆流溢的光景……原来，多年后，那些游离在边缘的记忆这么容易便被唤出，原来自己记得如此清晰。

袁希濂已经走了，茶冷了，他坐在安静下来的洋书房里，心被回忆填满，为何身在自幼成长的老家，还会感觉整个世界漂浮着淡淡的乡愁？

几场秋雨几分寒，年过三十，他早已过了血气方刚的年纪。面对宛如迷局的时事，面对起义暴动的革命，他清醒沉着，那一腔爱国热忱犹在，那一颗怀世救国之心犹在，只是他却不肯介入那激烈旋转的旋涡之中。他不愿像革命党人那样，奔赴在反抗斗争的最前线，正如他不愿像王国维那样，自沉昆明湖，视革命如洪水猛兽。

他只愿孤独着，做自己。

1911年10月10日，辛亥革命爆发。1912年1月1日，中华民国临时政府在南京成立，孙中山任临时大总统。1912年2月12日，清朝最后一位皇帝被迫退位，腐朽的清王朝终于结束，几千年的封建统治终于被推翻。

在他有生之年，那些他曾经为之奔走抗争的救国大业，竟以这样的方式现出自由的曙光。大抵是家道原因，父亲和二哥文熙皆是进士，家中贩盐也属半官性质，耳濡目染间对清王朝有不能忘情之处。曾经他只想改变腐朽的清王朝，从未想要使它消亡，可是年复一年的大失所望，他渐渐明白这是大势所趋。

也罢，四季更替，王朝兴亡，是亘古不变的道理。

他铺纸研磨，挥笔间，一首《满江红》跃然纸上，满屋墨香久久不散。慷慨激昂之情，荡气回肠之势，胸中块垒一扫而光。

好男儿，头颅抛，魂魄化成精卫鸟，血花溅作红心草……

第3章
为情飞翔:不禁泪双垂

5 爱·红颜知己

【送别】

> 长亭外,
>
> 古道边,
>
> 芳草碧连天,
>
> 晚风拂柳笛声残,
>
> 夕阳山外山。
>
> ——李叔同

他曾经欢场色相因,"燕支山上花如雪,燕支山下人如月",她是第一个一往情深之人,她是杨翠喜;"蟪蛄宁识春与秋，金莲鞋子玉搔头"，她是他明媒正娶的妻，她是俞氏蓉儿；"梦醒扬州狂杜牧，风尘辜负女相如"，她是上海滩相唔甚契的女子，她是李苹香；"顿老琵琶妥娘曲，红楼暮雨梦南朝"，她是老妓高翠娥……

怪只怪，他太过多情。用情深切之人，自是不愿辜负每一场命定的缘分，可是却偏偏会辜负那些用情深切之人。

婆娑有一爱之不轻，则临终为此爱所牵。人世间之情爱，莫过于在正确的时间遇见正确的人，最是幸福。遇见她，是异国他乡的一份幸运，一份难得的温暖。

那幅挂在书房的油画《出浴》，一位半裸着的日本女子静静地坐在那里，她微闭着双眼，端秀的五官写满羞涩，那是属于恋爱中少女的娇羞，是面对自己爱人时的忸怩与拘谨。

她便是他神秘的日籍夫人，一位温柔多情的女子。只是两百年后的今天，对这位夫人的名姓，人们众说纷纭。雪子、净子还是叶子、千枝子，这些都不重要，重要的是，她是在异国他乡伴他左右的人，虽没有父母之命媒妁之言，但她是他承认的妻，是他相濡以沫多年的可人儿。

她是一位知识女性，同时她的家境不好。她同意应聘成为李叔同的模特儿后，他俩的情况与西洋的罗丹的生活境遇相差不多，

第3章
为情飞翔：不禁泪双垂

即从画家与模特儿的关系，逐步演变成丈夫与妻子的关系……如果我们把李叔同与日籍夫人同居的起始时间定在他入上野美术学院后的半年，即1907年，那么，这位日妻一直跟随李叔同一起生活了10年有余。待到李叔同于1918年夏在杭州虎跑定慧寺出家后，她噙着泪水离开中国，从此埋名日本……

这是学者陈星在《芳草碧连天——弘一法师传》一书中对她的描述，他的平铺直叙，寥寥数语，便概括了他们相互纠缠的十几年。只是，他们之间的故事，一定不止是单薄的几句话，这一定是一个在如樱花般美好的风花雪月。

你们在哪里相识，又在哪里相遇，在一起会有怎样的故事？两个相爱的人一路走来，都有一段美妙的故事，故事不同，个中的幸福不同，但幸福的滋味如出一辙。这是属于他们的故事，那画展上的凝足相视，碰撞出的是十多年的缘分相牵。

她是清白的女子，却因贫寒成了他的模特。在夕阳的余晖下，褪下和服，脱掉罩衫，拘谨难堪地展露那白如凝脂的肌肤，暴露属于女子最美好也最私密的心事。

他坐在画板前，欣赏着世间伟大的创造，那尖细的下巴，精致的锁骨，削葱尖般的手指，娇小圆润的乳房，修长细腻的双腿……他并不是未经人事的青葱少男，却是第一次细细打量女子的胴体，用最纯粹的目光，这是多么伟大的行为艺术。

在不知不觉间，他已拿起画笔，一刻钟，两刻钟，她略显僵硬地保持姿势，他不发言语地细细描摹，几个时辰过去了，他终于停下了笔，那含羞带怯的娇羞少女，已跃然纸上。

他舒了一口气，再望向她，才发现赤裸的女子正在轻轻颤抖着，不知是因为寒冷，还是因为太过炙热专注的注视让她羞耻。

她不知这样的自己是多么地惹人怜爱，心动总是来得猝不及防，他站起身来，慢慢朝她走去。

看着向自己走来的翩翩男子，她的心没来由地紧张起来，双颊已飞起两片彤云。

他也紧张着，不敢看她写满情绪的眼睛，只小声问她："冷吗？"声音低沉沙哑，似是压抑着某些滋生的情愫。

她低声应着。他已走到一旁，拿起她的衣物又走回来。在她诧异的目光下，他慢慢俯下身去，小心翼翼地为她套上足袋，又站起身来，用雪白的内罩衫包裹住她仍在微微颤抖的身体。

当一个男子愿意为一个女子化作柔情之水，穿衣挽发，那便是爱了吧。他为她更衣，温柔自持，用细长的手指轻轻系上腰间的第一根绳，胸下的第二根绳，为她一点点抻平前胸的细小褶皱。

在一个女子羞涩不堪时，如何招架得住一个俊朗男子的温柔相待和悉心有礼，这一刻，爱已经驻进她的心房。

第3章
为情飞翔:不禁泪双垂

她是来自崭新世界的别样女子,与保守的妻以及风月场上的妓完全不同。当她穿着木屐,小步地走在木板道上,那哒哒的声响是他不愿错过的美丽;当她深深地鞠一躬,娇柔地道一句"沙扬娜拉",那举手投足间的优雅是他愿意沦陷的堤防。

她是娇羞的少女,拥有日本女人温良顺从的传统美德,却又大胆坚强,她是他的裸体模特,是他年轻美丽的卡米耶,激发着他泉涌不息的灵感,使他成就出一件件水到渠成的作品。

那是一个这样的时代,日本的女性以嫁给中国留学生为荣,他们拥有朝气,拥有文化,拥有无限前途,他们一般家境富裕,即使不甚宽裕,也有充裕的官费支撑。有人说,一个官费留学生在日本不仅可以养一个小家碧玉的夫人,再加个孩子也是不成问题的。

当事件发展成为风潮,国之差异便不足为虑,一切也都不足为奇。那些留洋日本的文人义士,在异国娶妻者不在少数,娶了佐藤富子的郭沫若先生,娶了羽太家姐妹的周作人、周建人兄弟,娶了市冈鹤子的康有为……

当爱来临时,什么都不能阻止两颗想要走到一起的心。那时他孤身一人在异乡打拼学习,虽满腹才华让他渐渐崭露头角,但思乡时的孤独与寂寞,确是真真切切长在骨髓中的。这样一个纯粹不胜娇羞的少女,是上天赐给他的一道最亮丽的风景线,给他慰藉与温暖。

如果婚姻只是两个人的事，那该多好，少了烦琐之事，心也能纯粹一些。她嫁给他，成为他名副其实的妻，功德圆满。但她却有一个嫌贫爱富的母亲，在女儿嫁给李叔同时狠狠敲了他一笔竹杠，颇具卖女之嫌，李叔同对此颇为反感。

他是个一丝不苟的人，对待事情宛如雕刻方印，不容许一刀差错，对待人心中也自有一杆明称，话不投机半句多，他总有方法疏离那些反感之人。

一日，日籍夫人的母亲前来看望女儿，临走时天突然降起大雨。当她表示想要借一把雨伞时，李叔同说："当初你女儿嫁给我的时候，并没有说过将来丈母娘要借雨伞的。"

好一句讽刺十足的话语，有人试图借这件事来表示李叔同性情的古怪。但一个有性情的人，对待无德之人，我只觉大快人心。

李家破产，毕业后的李叔同结束五年的留学生涯，踏上归程。他的日籍夫人，不顾千山万水的劫难，远离故土的浪漫樱花，伴他左右，不离不弃。她爱他，只爱他，不因钱财，不为家国。

一代风流才子徐志摩曾经徜徉在日本的柔情之中，在离开之际，他曾留下这样的言语："最是那一低头的温柔，像一朵水莲

第3章
为情飞翔：不禁泪双垂

花不胜凉风的娇羞，道一声珍重，道一声珍重，那一声珍重里有蜜甜的忧愁——沙扬娜拉！"

那一低头的温柔，那如水莲花不胜凉风的娇羞，都化为一汪浸满爱意的秋水，用含情脉脉的眼望向他，不是带着忧愁的沙扬娜拉，而是一句中文的"带我走"。

虽然她不舍得离开生活了二十几年的国，虽然对那方陌生的土地心怀忐忑，但她还是想要随他而去，义无反顾。只要他在，便是晴天，爱他是她这辈子最美好的事。

他们把家安在上海海伦路的出租房子里，那里并不豪华，却温馨雅致。他们在这里过着平凡的日子，宛如世间所有的夫妻。

我不知道七年后，当他收到丈夫的一纸书信和一缕髭须，断掉所有的情与爱时，她的心是如何。一定是痛的吧，那种撕心裂肺将人撕碎的痛，但痛过后她离开了，没有埋怨，没有不满，她是懂他的，便会尊重他的决定，她不后悔当年的义无反顾随他远赴。

情到深处，每个人都有为爱冒险的潜质，即使飞蛾扑火，也死得壮烈，她甘之若饴。

她是爱人，亦是红颜，亦是知己。得女如此，夫复何求？

与天津老宅里的俞氏相比，她得到了他发自肺腑的爱，所以她是幸运的。但与那些千千万万与爱人相濡以沫白头偕老的女子相比，她又是不幸的，他只能陪她那么几年，那些所谓的儿女情长荡气回肠终在红尘看破的那一日化为尘埃。

第4章 艺术先驱:芳草碧连天

1 学·西洋艺术

【化身】

> 化身恒河沙数,发大音声。
>
> 尔时千佛出世,瑞霭氤氲。
>
> 欢喜欢喜人天,梦醒分不知年。
>
> 翻倒四大海水,众生皆仙。

——李叔同

他是艺术的先驱,带给中国以艺术的洗礼。

那时他还在南洋公学,蔡元培先生还是他的老师,他第一次接触到了西洋艺术,他感受到了西洋强烈的视觉魅力,从此便深

第4章
艺术先驱：芳草碧连天

深为它着迷，颇有几分一如山门深似海之感。

母亲死后，前途未卜，他忘不掉的依旧是那仅知一二的西洋艺术，心中更是萌发出了文艺救国的想法。经一番思量，他远赴东瀛，奔向艺术的殿堂，去寻一场艺术的洗礼。

1906年9月，他考入了日本培育艺术家的最高学府——东京上野美术学院进行西画学习，培育出李梅树、颜水龙等画家。从此，他开始更为系统的西方艺术探讨，他的人生，进入新的一篇。

对一位处处受到压制的清朝留日生来说，考入这样的学校是相当不易的。对此，在当年的10月份，《国民新闻》的一名日本记者专门来到他的住处，对他进行了专访。

李叔同正在书斋里看书，他的书斋仅有三叠大小，被椅子、器材、茶几等填得满满的。那时的他，与当下的日本青年相差无异：漂亮的三七分发型，一身织着花纹的藏青色和服，束着黑绉纱腰带……

记者以为，见着的会是拖着长长发辫、愣头愣脑的东亚病夫，但当看到门内清清爽爽的他用泰然的声音说"请里边坐！"时，不禁愣了一下，还以为自己走错了房间。

看过记者名片后，温文尔雅的李叔同看出记者的些许意外和不自在，如沐春风地首先发问："是槐南诗人的新闻社吧？"

"是的，我们常刊登槐南诗人的作品。您认识他吗？"

李叔同笑答："是的。槐南诗人，还有石埭、鸣鹤、种竹，诸位诗人，都是我的朋友，我最喜欢诗，一定投稿，请赐批评。"

他的笑容感染着这位记者，采访也慢慢进入正轨，他问叔同："用日语讲课您听得懂吗？"

"听不懂，以前在国内学过日语，来贵国后还上过补习学校，听说能力是不行。所以我基本不听下午用日语讲的课，只听上午用英语讲的课。"

当问及家庭状况，他不愿多谈，只简单带过，他斩钉截铁地回答不思念家乡，双亲健在，无妻无子……这些言语自不是真的，但却无伤大雅，他只是想要一个崭新的起点，一个抛开过去的新面孔。

他是一个健康向上、积极乐观的中国留学生，以诙谐机智的方式对待着这次采访，他带记者去看自己所作的苹果静物画，远看栩栩如生，呼之欲出，近看时的粗糙颗粒又颇有印象风。记者看了很是赞赏，他的天分，从不缺乏懂得之人。

采访在愉快轻松中走向尾声，记者为他拍了照片，并索要了他的那幅大作。几日后，一篇名为《清国人志于洋画》的文章发表了，他器宇轩昂的照片和那幅栩栩如生的静物画与文章一同登于报上。

他师从黑田清辉，接受西洋绘画的专业训练。这个前额高阔、

第4章
艺术先驱:芳草碧连天

嘴角下坠、留着髭须的老师,对李叔同产生了极大的影响。他接受了黑田先生人体研究构想画的思想,接受了"大自然没有给自然界里的万物披上罩衣"的理论,还因此聘请了专门的裸体模特,也成就了自己的一份爱情。

艺术殿堂的大门向他敞开着,本就对戏曲和音乐感兴趣的他,不再仅仅满足于美术的殿堂,他会用尽量挤出来的时间与精力,去学习、去探索不同的艺术领域。

他说:"刚刚开始学拉小提琴。其实以前学过钢琴,我不过是喜欢多尝试一些各方面的技艺。当然最喜欢的还是油画。"在这里,他开始系统地学习钢琴,学习音乐理论知识。

他从小便喜欢中国的戏曲,戏台上的唱念做打,吹拉弹唱,袅袅唱腔,带给他一份痴迷的香醇……在日本,这份香醇中开始点缀上新的艺术气息——日本戏剧吸收西方的演剧形式后形成的日本新派剧。

他加入了许多日本的艺术团体,也借此结识了不少像藤泽浅二郎等日本新派剧界有名人士。他像是吸不尽水的海绵,感受着新剧的氛围形式,饥渴般地吸收着那具有优势的地方,还刻苦攻读全英的莎士比亚剧集。只是他的心不仅止于此地,他想要将日本新剧引进自己喜欢的戏曲国粹,去搭建属于中国的新剧舞台。

在学校,他结识了同为中国留学生的曾效谷。这位在北京待过多年的四川小伙，很是喜欢京剧，并且自己还可以唱二黄。两人在戏曲方面总是有聊不完的话题，颇有些他乡遇故知的感觉。

本社以研究文艺为目的，凡词章、书画、音乐、剧曲皆属焉。

本社每岁春秋开大会二次，或展览书画，或演奏乐剧。又定期刊行杂志，随时刊行小说脚本、绘叶书之类（办法另有专章）……

这是在天津的《大公报》上，曾经刊出过的一份《春柳社文艺研究会简章》。1906年的冬天，他们一起创办了以文艺研究为目的，以编演话剧为主要活动的春柳社文艺研究会。这便是中国历史上的第一个话剧团体，是中国戏剧史上具有非凡意义的剧团。

冻雨缠绵的东京深秋，两个为梦想奋斗着的年轻人，深一脚浅一脚地走在湿滑的街道上，他们激烈地讨论着，为刚刚步入正轨的剧团，呼啸的寒风和冰凉的雨丝挡不住心中汹涌的热火。

剧团吸纳了一批同在日本留学的中国学生，孙宗文、李涛痕、庄云石、陆镜若、欧阳予倩……他们为了同一个戏剧梦，聚在一起。人生，总有那么些时候，总有那么一群人，心中念着同一件事，众志成城，仿佛没有完不成的任务，苦也甘之如饴。

1905年，在李叔同自编的《国学唱歌集》里，收录了李叔同创作的第一首弘扬佛教的歌曲《化身》：

第4章
艺术先驱:芳草碧连天

化身恒河沙数,发大音声。

尔时千佛出世,瑞霭氤氲。

欢喜欢喜人天,梦醒兮不知年。

翻倒四大海水,众生皆仙。

李叔同写的虽是弘法歌曲,却配上了19世纪美国作曲家洛厄尔·梅森的赞美诗《上帝,我靠近你》的曲调。这多少说明李叔同很早已具备宽广的宗教胸怀。

1907年初,中国南方多个省份暴雨不止,洪水泛滥,灾民死伤无数,流离无依。身处异国他乡的学子,祖国的点点消息都能掀起大波。当他们在日本报刊上看到该消息时,在李叔同的组织下,春柳社的成员立即在清国留学生会馆开会商议,他们要举办春节游艺会,为祖国的灾区募集善款。

整个剧团忙碌着,一群热情如火的年轻人积极策划着,选择剧目,编写剧本,紧张排演……短短一个月的时间,帷幕拉开,一部根据小仲马的经典小说《茶花女》改编的《茶花女遗事》在舞台如火如荼地开演。

李叔同扮演玛格丽特,他剃了漂亮的小胡子,化上清爽的舞台妆,穿上乳白色的百褶裙,戴上长而卷的假发,那个俊朗的大男人，瞬间变身为活脱脱的青春少女：白净的一张脸写满秀气，拼命节食换来的纤纤细腰窈窕动人，他袅袅的步态，妖娆的眼神，满满的都是属于柔软女性的独到魅力。

一位见过他当时女装照的学生李鸿梁说："当时我几乎笑了出来，这样庄严的李先生，竟会装成袅娜的西洋女子，其腰之细，真叫人吃惊，就是西洋女子，恐怕也要减食饿肚子以后才能束成这样的细腰呢。"

舞台上的他，双手托头，向右略略倾斜着，紧皱着眉，哀怨痛苦的表情写着生动，演绎着一代茶花女的薄命一生。

他倒下了，玛格丽特香消玉殒，墓前摆满茶花。

幕布缓缓拉下，整场观众仍然沉浸在他演绎的忧伤剧情之中。《时报》报道说："是日观者约2000人，欧、米（美）及日本男女接踵而至。台下拍掌之声雷动。此诚学界中仅有之盛会，亦吾辈向来经见之事也。"

这是他的处女作，也是春柳社的处女演出。他们将悲情的茶花女曲折的一生，酣畅淋漓地演绎出来。

后有剧评家在《对于中国戏的怀疑》一文中说：

中国的演员，使我佩服的便是李叔同君……与其说这个剧团好，宁可说这位饰茶花女的李君演得非常好。他们那剧本的翻译

第4章
艺术先驱:芳草碧连天

是很纯粹的,化妆虽简单一些,却完全是根据西洋风俗的……李叔同君确实在中国点燃了新剧最初的烽火;但他现在却已皈依佛门,栖隐于杭州西子湖畔,谢绝尘俗。倘使自《茶花女》以来,李君仍在努力这种艺术,那么岂让梅兰芳尚小云辈驰名于中国的剧界?……

当做一件事的时候,尤其是做与艺术有关的事情的时候,他总是拿出十二分的热情。这样的男人最具魅力,如果他没有剃度为僧,那么在艺术领域将会出现一个璀璨的名字——李息霜。

后来成为著名的戏剧家的欧阳予倩说:"老实说,那时候对艺术有见解的,只有息霜。他于中国词章很有根底,会画,会弹琴,字也写得好。他非常用功,除了他约定的时间之外,决不会客……"

所谓的大师,便是如此,无论是面对失败还是成功,都能平和坚定地向前走去。徜徉在艺术殿堂的李叔同,用自己的臂膀撑起一片新的天空,引领着热爱艺术之人走向一片崭新天地。

《茶花女遗事》的轰动一时吸引了愈来愈多的学生,他们纷纷加入春柳社,李叔同和曾孝谷商议着排演新剧。过去的成功只属于过去,于现在来说只是一缕烟尘,他们需要的是向前的脚步。

这一次,他们演出的是由《汤姆叔叔的木屋》改编的《黑奴吁天录》。他们将原著中解放黑奴的剧情，改为黑奴杀死奴隶贩子，以此来赤裸裸地表现反抗压迫的革命精神，那时的他，俨然已经接受了同盟会的资产革命思想。

演出同样很是成功，剧场座无虚席，甚至还有观众站着观看。只是轰动的掌声引起了清政府驻日使馆的注意，那大胆的革命寓意惹怒了守旧的清朝官员，下令取消了参与演出者的公费留学费用。

或许因为这样的原因，春柳社没再排过红极一时的大戏。李叔同也没有再上台演出，他把更多的精力转移到了练琴和习画之上。

绘画，音乐，钢琴，戏剧。他，学西方艺术，开中国近代艺术之先河。

他，是当之无愧的近代艺术第一人。

第 4 章
艺术先驱:芳草碧连天

2 美·编辑画报

【咏菊】

  姹紫嫣红不耐霜,繁华一霎过韶光。
  生来未藉东风力,老去能添晚节香。
  风里柔条频损绿,花中正色自含黄。
  莫言冷淡无知己,曾有渊明为举觞。

——李叔同

  漂泊久了,哪里是归处?心若冷了,何处是故乡?

  从日本回到天津后,那些不快活,那些泛滥出的乡愁情绪,不是属于这座城的。离开太久,不是不想念,只是回到家后,那泛滥的想念在释放以后，他跌进了现实世界，那些不愉快的旧时家族礼节束缚着手脚，疲倦感再次袭来。

人是怀旧的生物，那些旧时的温暖记忆总是能慰藉今时的心境，带给重新开始的勇气。他开始想念上海，那里是他视为第二故乡的地方，承载着他最为幸福自得的几年时光，有他爱着的日籍夫人等着他，盼着他归去。

1912年春节前后，在袁世凯的指使下，曹锟部署了京津地区的兵变。天下变了，时局一时动荡不安，他任教的直隶高等工业学堂被迫关闭，离开成了顺理成章之事。

他辞别家人，一路南下上海，那十里洋场在等着他。只是那时他不知道，这一走，便是三十几年，他再未踏进天津城的土地。

返沪之后，他遇见了曾经的老友杨白民。这个被他亲切地称为"白民老哥"的男子，这个让他说出"二十年来老友，当以尊翁（杨白民）最为亲厚"一话的老哥，已经是城东女学的校长。

李叔同留日期间，杨白民曾赴日进行教育考察，他们秉烛长谈，欢聚浃旬，那时他们都是血气方刚的年纪，很有大干一场事业的气势。如今，几年过去了，老友再次重逢，杨白民兴办的城东女学已是很具规模的院校，吸引着江浙、沪等地的一批新潮女性前来就读。

那时，已经有包括包天笑、吕秋逸以及在南洋公学的同班同

第 4 章
艺术先驱:芳草碧连天

学黄炎培在内的一批名流在城东女学任教。当老友杨白民力邀李叔同进入学堂任教时,他自是痛快地答应了。

城东女学开设了幼稚科、普通科和师范科,还开有书画、烹饪、刺绣等一系列特色课程。到女学后,李叔同主要讲授国语课程,他因材施教,并且不局限于书本的知识,还经常引导学生就当时的社会热点以及与女性相关的话题发表自己的见解,锻炼她们观察问题和独立思考的能力,激发她们的自信、自强、自立、自尊。

早春三月,嫩柳拂面,李叔同参加了南社愚园的第六次雅集。文人骚客云集处,他依然是脱俗的存在,在那里,他被邀进行《南社通讯录》的封面设计。才华释放,他的绘画功力得到了与会者的高度赞叹,在"革命首功之臣"陈其美的盛邀下,进入《太平洋画报》做了编辑。

南社,操南音,不忘本也。1909 年 11 月 13 日,由同盟会成员陈去病、高旭和柳亚子成立于苏州虎丘。该社与同盟会交相号召,在研究文学的基础上,以提倡民族气节为己任。

南社的发起人之一柳亚子说:"叶楚伧办起《太平洋报》来了,于是我从《民声》出来,跳进了《太平洋》。《太平洋》的局面是热闹的,大家都是熟人,并且差不多都是南社社友,不是的,也都拉进来了。"

《太平洋画报》创办于1914年的上海，这是同盟会在辛亥革命胜利后创办的第一家大型日报，编辑和作者大多为南社成员，社长姚雨平，总笔叶楚伧，主笔梁玉松，干事王锡民，还有苏曼殊、柳亚子、胡朴庵、周人菊、朱少屏……

他不是革命党人，不是同盟会成员，也不是南社的资深社员，他只是一个文人，却用一己才华，画一树枝桠，征服了千万社众。

他负责画报的副刊，整个版面，无论是报头、版面还是栏花、广告，都是他经手设计的。一勾一画，设计简洁明了，一点一滴却鲜活欲出。因为有他，《太平洋画报》有了比其他报纸更加美观新颖的风格，有了让人赞不绝口的赏心悦目。

著名画家吕凤子先生说："李先生应是民国以来第一位把西洋绘画思想引介于我国，进而启发了我国传统绘画需要改良的思潮，而后的刘海粟、徐悲鸿等在实质上都是接受了李先生的影响，进而为对于中国传统绘画运动的推进者。"

《太平洋画报》专门为他开了普及西洋画法的专栏，每一期他都会介绍石膏、木炭、油画等不同形式的画法。吕凤子称他为"中国传统绘画改良运动的第一人"。

刘海粟晚年的时候这样讲："近代人中，我只佩服李叔同一个人，苏曼殊只是聪明而已，李叔同画画、书法、音乐、诗词样样高明，我却比他少了一样——演戏！"

第4章
艺术先驱:芳草碧连天

苏曼殊也是一代奇人,他们同为《太平洋画报》的编辑,性情却大不相同,一个深沉内敛,一个热情奔放,一个宽容友好,一个极不"感冒"。李叔同曾在画报上连载过苏曼殊的小说《断鸿零雁记》,并特意请著名的画家陈师曾为其配图,使他名噪一时。

他们是"南社二畸人",但两人却几乎没有什么往来。不知为何,外表热情如火的苏曼殊对待李叔同很是刻薄,当众人大叹李叔同演出的《茶花女遗事》时,苏曼殊却说:"无甚可观,兼时作粗劣语句,盖多浮躁少年羼入耳……"

或许境遇不同,眼光便不同,看人也不同。他是浊门富家子弟,才华横溢,一步步走向佛门清寂地;他是三度出入佛门,在出世入世间,放浪形骸外,沉湎情欲间。或许就是如此,人总是喜欢与自己性情一致之人。

在画报中,他很是推崇画家陈师曾,除了推荐他为苏曼殊的小说画插图之外,他还接连发表过陈先生的十几幅画作。作为画报编辑,他推贤举才,与真正的画家惺惺相惜,他是合格的,饱含活力的。

姹紫嫣红不耐霜,繁华一霎过韶光。
生来未藉东风力,老去能添晚节香。
风里柔条频损绿,花中正色自含黄。

莫言冷淡无知己，曾有渊明为举觞。

虽然他的诗文所作好如往昔，但因是编辑，刊登出的作品却是屈指可数，这首《咏菊》，便是其中之一。那时他已是沉稳内敛的年纪，颇有几分孤芳自赏之意，与那些掀天揭地的革命词风相比，他的格调是文艺含蓄的。性格使然，他已很少参与那些高朋满座、饮酒赋诗间的高谈阔论。

1912年8月，因袁世凯复辟封建统治，《太平洋画报》被迫闭馆歇业，刚刚迎来的一丝曙光再度被乌云覆盖，民主革命的道路也灰蒙一片。

他离开了，不再为这支同盟会的文学之军奉献心力。乱世之中，还是壮大艺术救国人才的道路更实在些，也能走得更坚定些。

时间很短，天涯很远，革命很长。往后的一山一水，一朝一夕，还是安静地走完。倘若不慎走失迷途，跌进水里，也要记得，有一条河流，叫重生，那么请守着那剩下的流年，看岁月静好。

第4章
艺术先驱:芳草碧连天

3 教·世纪师魂

【早秋】

> 十里明湖一叶舟,城南烟月水西楼。
>
> 几许秋容娇欲流,隔着垂杨柳。
>
> 远山明净眉尖瘦,闲云飘忽罗纹皱。
>
> 天末凉风送早秋,秋花点点头。
>
> ——李叔同

人生是从一个又一个别处,来追寻内心的回归。生命辗转,李叔同来到了杭州。杭州,之于李叔同,就如同一个老朋友。这里虽然和上海相距不到两百公里,却完全是另外一种境界。

上海是人间的乐土，忧伤而繁华，如同一个风情万种的贵妇，而杭州则是纯净的天堂，缥缈悠然，如同仙子。生性淡泊的李叔同，在精神世界里，更加向往杭州这片人间天堂。

杭州，西湖，淌过多少今古梦境，醉了多少有情人。

苏轼曾在诗中有云："水光潋滟晴方好，山色空蒙雨亦奇。欲把西湖比西子，淡妆浓抹总相宜。"想必那潋滟湖色，那绝美之景，必定是在苏轼的记忆中闪着粼粼跃动的波光。

杨万里更是在《晓出净慈寺送林子方》一诗中说："毕竟西湖六月中，风光不与四时同。接天莲叶无穷碧，映日荷花别样红。"那无穷碧色，映日娇荷，给后人留下了永久艳丽的回忆。

李叔同是一个多才多艺的性情中人，西湖美景，怎能不让他动容？他写《早秋》回忆曾经，十里的明湖，当年临水西楼上的娇容，想必如今已经在岁月里失了色彩。岁月苍老了容颜，只留下了沉甸甸的回忆，轻舟在回忆的粼粼波光中荡漾……那注定是一个悲忧的故事，然而，时光辗转，渴望与思念都被岁月稀释了。只剩下轻轻愁思，闲置心中，如今，在这傍晚的凉风之中，你也一定跟我怀着同样的感情，无奈而又坦然地送去一个又一个的春秋。这一首诗中，李叔同写下了诸多关于西湖的记忆。西湖，之于他来说，已然不仅仅是一片美景，而更是承载了他饱满的情感。

后来，李叔同又作《西湖》一词，以文抒怀，将西湖美景，

第4章
艺术先驱:芳草碧连天

一字一字地演绎出来。

看明湖一碧,六桥锁烟水。塔影参差,有画船自来去。垂杨柳两行,绿染长堤。飏清风,又笛韵悠扬起。看青山四周,高峰南北齐。山色自空蒙,有竹木媚幽姿。探古洞烟霞,翠扑须眉。霁暮雨,又钟声林外起。大好湖山如此,独擅天然美。明湖碧无际,又青山绿作堆。漾晴光潋滟,带雨色幽奇。靓妆比西子,尽浓淡总相宜。

碧水依着青山、微风漾着笛韵,在这一首词中,李叔同以极静的文字,将西湖写得有声有色,远胜光影的记忆。烟波浩渺,画船若半隐于烟雾,竹林摇曳着妩媚的姿态,潋滟的山光水色,使人心生向往,又深深地迷惘。至此时,西湖,不仅承载了李叔同的情怀,也承载着他崭新的命运。

这一次,李叔同应邀到浙一师执教,当他的脚步再次踏上西湖的堤岸之时,他的人生,便开始在暗暗地转航。许仙在西湖遇到了他的爱人,而李叔同遇见的却是他后半生的命运。他踏上了讲台,殊不知,却是一条走向佛陀之路。

在当时的社会背景之下,新式学堂首重"英、国、算",因此教英文、国文和算学的教师往往最有权威。但无论是在南高师,还是在浙江第一师范，音乐、图画教师却最有权威，因为执教者是严厉而温和的李叔同先生，并且，他传奇的人生经历，他卓越的才华，更是让他在教师之中有了更高的声望。

学生们对于这位传奇的教师，早有耳闻，都迫不及待地想要见识一下这位神话般的人物。然而，在真实地接触之后，学生们却完全推翻了之前对李叔同具有传奇风采的概念印象。

李叔同是一位非常称职的老师，他教课认真负责，仪表端庄。他将自己的精力全然地投入到教学中。每一节课，都仿佛是一个神圣的仪式，每节课前他都会去得很早，把本节要讲的内容提前在黑板上写好，然后把案头的讲义、点名册等教学用具摆放整齐。之后，静静地端坐着，等待学生们的到来。当铃声响起，他会起身，向同学们深鞠一躬，就开始了一节课程。

对待学生的教育，李叔同有着自己独到的方法。他温和，却又严厉，因而被学生们称作是"温而厉"。

一次，一个学生在上课时津津有味地看着小说，李叔同早就已经发现，可是他并没有直接去制止，善良的他不忍心当众伤害学生的自尊心。在下课之后，李叔同叫住了那个学生，让他稍等片刻，有事情要和他说。当其他学生走完之后，他便郑重又和气地说："下次上课时不要看别的书了。"说完，他又鞠了一躬。学生深感羞愧，以后再也没有犯过此类错误。对于许多其他一些不

第4章
艺术先驱:芳草碧连天

守纪律的现象,他皆是用这种温和又严厉的方法进行教育,并且收效极好,学生们真正地得到了教育,改正了错误,而他也在学生中建立了威信。

对于每一个学生,李叔同都心怀慈悲。当学生犯了严重的错误,他都不会轻易放弃对学生的拯救。他爱学生,就如同爱自己的孩子。

一次,班上一个学生的三块银元和一块手表丢了,这东西是督学儿子的。当时,督学非常生气,要求一定要找出偷东西的学生,并严惩不贷。李叔同则是缓缓地说:"生之错,师之过矣。"于是,他把责任全部揽在了自己的头上。在他认为,发生了这样不好的事情,是自己没有把学生教育好,于是他宣布以绝食的方法来反省自己的教育问题。看着敬爱的老师断食代学生受过,学生们都很心疼。

第一天过去了,一个学生找到了李叔同,并且说:"老师,是我不对,东西是我拿的。"李叔同摇了摇头:"钱呢?"孩子拿不出来,李叔同让孩子回去。

第二天,又有几个学生找到了李叔同,李叔同问明白后又让孩子们回去了。

第三天,终于,一个孩子流着眼泪找到了李叔同:"老师,对不起,钱我花了,手表在这儿。"李叔同拉起了学生,非常温和地说道:"孩子,我知道你一定会来找我的,你绝对不会让自己一直错下去,不是吗?"

正是因为李叔同发自内心的关爱,还有他强烈的责任感,才赢得了学生们的信任和尊重。李叔同,成为了许多学生记忆中难以忘怀的恩师。后来的著名画家丰子恺,提起李叔同这位恩师时还是念念不忘。

那个时代很讲师道尊严,一次,一个学生在走进图画教室时,大声喊道:"李叔同哪里去了?"顽皮的学生并不知李老师就在隔壁。直呼老师名字,这是很不礼貌的,甚至会引起老师大发雷霆。然而,李叔同并没有因此发威,而是走过来,十分平静地问:"什么事?"学生闻声跑远了。看着学生惊慌远去的背影,李叔同微微地笑着,他的眼眸闪着光,如同父亲一般慈爱。

李叔同以为,尊重和宽容皆是一种慈悲,每个人都希望被尊重,但如果自己不懂得尊重他人,往往也无法获得别人的尊重。李叔同就是这样,他始终严谨地奉行尊重别人、对人当恭敬有礼的处世原则。他强调,中国文化以明人伦为教育的先务。人与人互敬互助,是家庭、社会、国家所应倡导遵行的,所谓"爱人者,人恒爱之;敬人者,人恒敬之"。

《法华经》记载,有一位常不轻菩萨,无论见到任何人都会恭敬礼拜,并且说道:"我不敢轻于汝等,汝等皆当做佛。"当别人

第4章
艺术先驱：芳草碧连天

闻之，心生慎患打骂他时，他还是依然坚持恭敬的态度，并不会因别人的辱骂而改变，这位常不轻菩萨就是释趣牟尼佛的前身。李叔同，就是这样秉承着自己的恭敬之心，一点一滴地积攒下了自己的功德。

在教学上，李叔同也有自己独特的方法。他会帮学生们拾起零碎的饭后课前时间，让学生们练琴作画，帮助学生们充分利用时间，提高学习效率。他每周都给学生们教授一次弹琴，他通常都是自己先把新的曲目弹奏一遍，然后再去指导学生们一些弹奏的要点。然后，让学生们利用课余时间练习，到下一周的课上再由学生弹奏给他听，叫作"还琴"。学生们就在这一来一往之间，得到成长。

丰子恺在《甘美的回味》一文中为人们描述了当他步入教室后的情景："我们的先生——他似乎是不吃饭的——早已静悄悄地等候在那里。大风琴上的谱表与音栓都已安排妥帖，显出一排雪白的键板，犹似一件怪物张着阔大的口，露出一口雪白的牙齿而蹲踞着，在那里等候我们的到来。"

李叔同对每个学生的弹琴进度都了如指掌，每次看到丰子恺进来，都能准确地翻出他今天应还的一课。这使得学生们不敢抱有侥幸心理。还琴给丰子恺留下了深刻的印象。他回忆，还琴的时候，李叔同并不逼近他，也不正面督视他的手指，而是斜立在离他数步远的地方用眼睛不停地斜注丰子恺弹琴的手指。这并不代表李叔同对还琴的考核松懈。李叔同对音乐的洞察力是非常敏锐的,如果按错一个键板,他会立刻知晓。有时即便是用错了一根手指,他也会急速地转过头来表示通不过。

每当还琴时遇上一些小错,李叔同会要求他从开始重弹,即使到了最后,还是没法通过考核,他也不会对学生呵责,而是用和平而严肃的语调低声地说一声:"下次再还!"

这种平静的严肃,却给了学生们很大的压力,就如同心中被压上一块重重的石头,这要比责备学生的教育效果要好。学生只好起身离琴,再去加紧刻苦练习。李叔同平时的言语虽然不多,但同学们个个怕他,也个个爱他。

每一步成长,都是组成生命的痕迹。生命犹如逝水,奔流不返,唯有专注,才算是不辜负韶光。同样,在绘画教学上,李叔同对学生极为用心,往往是从最基础的绘画开始教起。为了方便学生们进行户外写生,李叔同特地向学校申请,定制了两只船桨,用来在西湖上泛舟写生。在那如风岁月,他带着学生们,如诗一般地生活。

第4章
艺术先驱：芳草碧连天

4 唱·欢颜岁月

【《茶花女遗事》演后感赋其二】

誓度众生成佛果，

为现歌台说法身。

孟旃不作吾道绝，

中原滚地皆胡尘。

——李叔同

时光悠然而过，伴着无数欢声笑语，伴着无数的光影回忆，学生们的绘画功力一天天地累积起来。李叔同觉得，是时候带领学生们走入绘画的新阶段了——人体写生。

这不仅仅是浙一师学生们的新开始，可以说，李叔同为中国的绘画历史翻开了一个崭新的篇章。他为浙一师的学生们上了中国历史上第一次人体写生课。

在那个风雨变幻的时代，中国社会正逐渐走出封建体制的雾霾。人体写生这种艺术方式对于当时的人们，的确是不小的刺激。当一个赤裸的模特，站在画室中央的时候，学生们的眼球被强烈地撞击着。阳光柔和地漫洒在模特的身上，给人一种鲜明的健康的美感。在短暂的视觉和心理冲突刺激后，学生们便开始簌簌沙沙地作画，缓缓步入绘画的美好世界。

其实，在民国时期，中西结合的绘画方法，在当时盛极一时。然而，战火纷飞，有许多和李叔同一样富有才华的西画家，他们满腹才华，无奈地却在硝烟中寂寂弥散了。

艺术教育，并不是李叔同最初的梦想，虽然心有不甘，但是他却十二分地用心对待。他开设艺术课程极为广泛，除了水彩、油画、素描、图案、西洋美术史，还有弹琴和作曲。

在李叔同的带动下，浙一师的艺术氛围逐渐浓厚。绘画和音乐得到了前所未有的重视。当时学校的音乐设备并不多，钢琴仅有两架，风琴若干。每天早上天刚朦朦亮的时候，学生们就会到琴房去占位置。起床号吹响后，琴房内琴声齐鸣，在整个校园里悠然回响。每到下午的课余时间，学校里更是热闹，校园内琴声

第4章
艺术先驱:芳草碧连天

涤荡；画室里，挤满了练习石膏和写生木炭画像的学生。

这样的一种艺术气氛，是让李叔同十分欢喜的，这让他觉得自己是做了有意义的事。

丰子恺在《我与弘一法师》一文中所表述的他："他从来不骂人，从来不责备人，态度谦恭，同出家后完全一样；然而个个学生真心地怕他，真心地学习他，真心地崇拜他。我便是其中之一人。因为就人格讲，他当教师不为名利，为当教师而当教师，用全副精力去当教师；就学问讲，他博学多能，其国文比国文先生更高，其英文比英文先生更高，其历史比历史先生更高，其常识比博物先生更富，又是书法金石的专家，中国话剧的鼻祖。他不是只能教图画音乐，他是拿许多别的学问为背景而教他的图画音乐。夏丏尊先生曾经说：'李先生的教师，是有后光的。'像佛菩萨那样有后光，怎不教人崇敬呢？而我的崇敬他，更甚于他人。"

李叔同，兢兢业业地工作，得到了丰厚的回报，并非是金钱，而是桃李成才。丰子恺、刘质平这样一大批的优秀艺术人才，都是得益于李叔同的教诲。看着自己亲手培养的学子如同蒲公英一般飞向各处，并取得自己的成就，这对于作为教师的他是莫大的幸福。

教师这个职业，李叔同做得异常辛苦，因为他不仅仅是在浙一师任教，还在南京高等师范学校兼职。同时兼任两个学校的课，奔走于宁、杭两地之间，他通常是半个月住南京，半个月住杭州。两校都请助教，他不在时由助教代课。

据说李叔同曾经想过要离开杭州，专任南高师教职。然而，他的好友浙江第一师范舍监夏丏尊先生恳切挽留，最后便动摇了，为了不让好友和学生们难过，仍是坚持着在两地之间奔波。有时他一个月要坐好几次夜车。经常来回奔波，辛苦是难免的，但是看着自己的学生逐渐成材，他便会觉得所有的付出都是格外值得。

在众多的学生中，与李叔同关系最密切的要数丰子恺和刘质平，他们分别承袭了李叔同的美术和音乐衣钵。

1914年初秋，来自浙江省崇德县石门湾（今浙江省桐乡市石门镇），十六岁的丰子恺以第三名的成绩，考入了杭州的浙江省立第一师范学校。这是一个顺理成章的选择，却是他生命中的重要一步。因为就在这一所学校里，他遇上了他的恩师，李叔同先生。正是李叔同先生，唤醒了他艺术的灵魂，指引他走向艺术的殿堂。

丰子恺曾经因与一名教师发生争执，那名教师是浙一师的训育主任，平日里他对学生的态度就极为粗暴，学生们普遍对他都十分地反感。性格耿直的丰子恺一次与他发生了争执，后来事情愈演愈烈，到最后两人竟然动起手来。对于这件事情，训育主任不会轻易地放过这个忤逆他的学生丰子恺。于是，他要求校方召

第4章
艺术先驱:芳草碧连天

开紧急会议处理丰子恺。会上气氛很紧张,那主任列数了丰子恺的种种"罪行",并在最后明确要求将丰子恺开除。众位参会教师都没有做出明确的表态,教师们并不想开除丰子恺。

在沉寂中,李叔同发言了:"学生打先生,是学生不好;但先生也有责任——没教育好。考虑到丰子恺平日遵守校纪无大错,如开除似太重。而且丰是个人才,将来必大有前途。如开除,则毁了他的前途,对国家是一损失。我意此番记一大过,我带他一道向主任赔礼道歉,不知大家是否同意?"立即,响起一片同意声。

李叔同如他所言,带着丰子恺一同向这位主任郑重道歉。这样,才算是挽回了丰子恺继续读书的机会。

正是李叔同这一次果断挽留,使得丰子恺重拾了信心,从而有了以后精彩的艺术人生。丰子恺不负恩师所望,最后成为了著名的画家。

李叔同和刘质平的关系更是情同父子,刘质平与丰子恺一样,是李叔同在浙江省立第一师范学校教书时的得意门生。刘质平后来成为中国现代著名音乐教育家,这当与李叔同对他的早期教育休戚相关。

刘质平是一个难得的音乐天才。当初,在刘质平跟随李叔同读书不久,便创作出了第一首曲子。他将曲子奏给李叔同听,希望能得到指点。当时，李叔同的神情肃穆，刘质平心中忐忑不安，自觉作品难入老师法眼。而之后，李叔同告诉他："今晚8时35分到音乐教室来，有话要讲。"

时值严冬，狂风大雪，但是刘质平还是如约到来。他来到教室后，却发现教室里一片漆黑。在刘质平等了十分钟之后，教室里的那灯忽然亮起来。李叔同从教室的一角走过来，他看了看表，又看了看刘质平，满意地点了点头，然后便告诉刘质平可以回去了。

这做法对于一般人来说，也许难以理解，但是这却是李叔同一种独特的考核方式。当初，李叔同在日本留学的时候曾有这样一件事：李叔同在"春柳社"的演出中扮演过茶花女之后，欧阳予倩便对李叔同非常钦佩，并请求拜见。李叔同应允了欧阳的请求，并与欧阳相约8点钟在上野不忍池畔的住地见面。

欧阳予倩本以为这将会是一次难忘的见面，可是，不巧的是他住在离相约地很远的地方，他匆忙赶到的时候，却晚了5分钟。他本以为这5分钟不会有什么影响，但是，当他将名片递进去的时候，李叔同对他说："我和你约的是8点钟，可是你已经过了5分钟，我现在没有工夫了，我们改天再约吧。"说完，李叔同即向欧阳予倩点点头，关上窗子。在那之后欧阳予倩再约李叔同，他均不予以回应。

第4章
艺术先驱:芳草碧连天

李叔同如此做法,正是为了考察学生是否诚信。从此后,李叔同对刘质平格外器重和爱护。刘质平家庭境况贫寒,家中无法供给他继续上学读书,这对于刘质平来说,是一个不小的打击,他感觉自己的前途断裂,现实横亘在眼前,梦想成了他永远到不了的远方。诸多痛苦,向这个充满才华的学生袭来。

1915年秋,百草凋零,秋叶枯落,正如刘质平的心情。此时的他休学住在老家,心情十分苦闷。李叔同就去信安慰、鼓励道:"人生多艰,'不如意事常八九'。吾人于此,当镇定精神,勉于苦中寻乐;若处处拘泥,徒劳脑力,无济于事,适自苦耳。吾弟卧病多暇,可取古人修养格言(如《论语》之类)读之,胸中必另有一番境界。"李叔同不仅仅是在精神上给予刘质平鼓励,他还为刘质平解决了学费的问题。

李叔同每月在一百零五元的薪酬中节约二十元,寄给刘质平做学费,并且说明不需要还。

刘质平毕业后,在李叔同的鼓励下去了日本。李叔同在给他的信中仍殷切告诫他为人处世的准则,共有六条:

(一) 宜重卫生,避免中途辍学……

(二) 宜慎出场演奏,免人之嫉妒……

(三) 宜慎交友,免生无谓之是非……

(四) 勿躁等急进,……

（五）勿心浮气躁，……

（六）宜信仰宗教，求精神上之安乐……

李叔同资助刘质平继续留学，并且一直从未间断，也未因他1918年决意出家而置之不顾。当李叔同决意要出家时，他估算到刘质平毕业还需要几千日元，并决意要为他解决最后的学费问题。起初，他想到的办法是借款。他说："余虽修道念切，然决不忍置君事度外。此款倘可借到，余再入山；如不能借到，余仍就职至君毕业时止。君以后安心求学，勿再过虑。至要至要！"最后，综合考虑之下，他决定延迟半年时间出家，来赚得学生的学费。

李叔同对学生，慈爱如父，他严厉的教导，他温暖的关怀，每一个学生都铭记于心。刘质平说："先师与余，名为师生，情深父子。"后来，刘质平竟然"不忍以己求学之故，迟师修道之期"，他不顾学业未了，毅然返国，在李叔同皈依佛门前和丰子恺一起跟老师拍了一张告别照。李叔同，不仅仅是他们敬爱的老师、慈祥的父亲，更是他们灵魂的引路人。

为师者，最期盼的，便是桃李满天下，这也是当时李叔同最浓烈的情感。每一个学生，就如同一颗希望的种子，他只是忠心地期盼他们一切安好，成人成材。

第 5 章

最美莲花：
今唱清凉歌

1 染·世事浓愁

【送别】

> 长亭外，古道边，芳草碧连天。
> 晚风扶柳笛声残，夕阳山外山。
> 天之涯，地之角，知交半零落。
> 一壶浊酒尽余欢，今宵别梦寒。
>
> ——李叔同

每一段故事，都是难忘的记忆；每一个故事，都有让人难忘的情绪。

那些年，或悲，或喜……最好的珍惜，是认真经历。无论身

第5章
最美莲花:今唱清凉歌

在何处,李叔同都在认真地经历着他的悲欢人生。

作为教师,李叔同是成功的,因为他不仅征服了学生,也同样征服了自己的同事。李叔同的个人修养和人格魅力不仅征服了当时的人,也给后人留下了深刻的印象。

当时,浙一师有一位日籍老师,他教授图画手工。这人平日里为人十分傲慢,并不把其他老师放在眼里,但是,他的傲慢却在李叔同的面前没了气焰,甚至对他有一些敬畏。

一次,几名学生来向本田老师求几条字幅。不巧,本田的办公室中没有备好的笔墨,大家建议他到李叔同的办公室中去,借用笔墨。学生们本以为本田老师会欣然同意,但是令学生们没想到的是,本田对这个提议很是在意,他谨慎地想了想,并未同意学生们的建议。直到有人说李叔同已经出校,暂时不会回来,在同学们的百般劝说之下,他才勉强同众人到了李叔同的办公室。更具戏剧性的是,他竟然安排人负责望风,叮嘱学生只要李叔同一回来就立刻要告诉他。

对于本田老师反常的状态,学生们都感觉到疑惑不解。有好奇的同学追问他为什么那样忌惮李老师。本田一脸严肃地说:"李先生可是个艺术全才,书法、绘画俱佳,音乐也独具造诣,而且连日语都说得那么好,他的办公室我可不敢擅入,笔墨更不能擅用了。"在学生眼中李叔同是一贯温和的,而且,本田老师向来骄傲，很少会这样敬畏别人。所以，他们一时无法理解本田老师对李老师的敬畏。有同学在本田的字幅才写完时喊道："李老师回来了，李老师回来了！"本田闻听，慌忙放下笔，迅速地回了自己的办公室。但事实上，李叔同根本没有回来，这只是调皮的学生跟老师开了个玩笑。

除了音乐和绘画的教育之外，李叔同对外国文学也有着自己独到的见解。他预见到外国文学将会影响到中国传统文学，使中国传统文学发生巨变。因此他劝说同学们最好把英文的《鲁滨逊漂流记》、《双城记》、《劫后英雄传》等熟读，再通读日文，通过日文间接地阅读欧美的名著，这样将外国文学通读后，对写作会有极大的帮助。他在浙一师的六年里，创办《白阳》杂志，并以此为媒介，广泛介绍了西洋文学艺术。

另外，李叔同在1912年到1913年之间，和夏丏尊发起成立了漫画会和乐石社，用以指导学生研究木刻金石技法。期间，还印制了《木刻画集》，这也成为中国最早的现代木刻版画集。

许是命运的安排，他注定成为传奇，他用生命为历史书写了一页又一页崭新的篇章。

李叔同渐渐走入教师的角色，他把全身心的精力都投入到了教育事业。艺术的气息，让他的心一如一汪泉水，平静而纯洁。可是，国内的政治形势瞬息万变，猛然间如飓风一般在他的心中

第5章
最美莲花:今唱清凉歌

掀起了狂澜。

辛亥革命胜利,胜利的果实却被袁世凯窃取。他同日本签订了丧权辱国的条约。祸患接连而起,整个民族面临着生死存亡的危机。各路政治力量,在政治的舞台上演着不同的剧目,纵然战火未起,却在暗地里上演着更加惨烈的斗争。

平静的流年遭逢政治的风云变幻,在他的眼前一幕幕地走着过场,让人应接不暇。这对于李叔同这样忧国忧民的知识分子来说,是一种巨大的折磨,他迷惘着,也困惑着。每每在闲暇之时,他便会陷入冥思,夜深如墨,轻抚着他满腔的心事。

国家的前途一片迷茫,任他翘首展望,也难寻一个明确的方向。国之命运,又是他无法左右的。想到自己生命中的起起伏伏,更是让他感慨万千。从前的富贵显达,今日的母子悲苦,弟子的留学费用,却也只有从薪酬中节省出来。从前顺了母亲的意思娶了俞氏,然后经历了知己的爱情,如今已经有了两个妻子。他十年苦读,却入仕无门,空有满腹经纶,却无施展之地,最后只能默默地从事艺术教育……

生命颠簸,回首望去,已踏出了一条崎岖的路,才霍地发现,最遥远的,不是未来,而是永远抵达不了的最初。物是人非后,他的心中弥散出一种广袤的苍茫。

一年冬季,上海的家中,李叔同在陪伴着自己的日籍妻子。

清晨，大雪狂舞，李叔同的义兄许幻园忽然造访，许幻园将要去上京找袁世凯评理。特地来找李叔同辞行。许幻园没有进门，只在院子里唤他。

看着被热血燃烧的兄弟，李叔同一时讷言，明知道许幻园此举是不明智的，却不知道该用怎样的语言去规劝。许幻园走了，他单薄的背影消失在了漫天的风雪中。那日，他心中比这雪花还要噬骨地凉。万千情绪在心中汹涌，堵在胸口，染上了眉头。

那夜，他以歌抒怀，将那系念在心头的情绪倾于纸上，于是，这首脍炙人口的《送别》就这样诞生了。

古道之上，轻话离别，一壶浊酒在梦里浇灌别愁。

《送别》的曲调是源于美国作曲家约翰·庞德·奥德威的歌舞《梦见家和母亲》，李叔同钟爱此曲调，因此机缘之下，也就写出了《送别》这一首名歌。

多少个离别的夜晚，我们轻哼着这《送别》，无声地默数着泪珠，等待离人，从芳草的尽头缓缓走来。

回肠荡气的袅袅歌声，穿过雾霭缭绕的层峦叠翠，悠悠漾出那隐约可闻的梵钟之音。这就是大师的艺术，这就是大师的风格，这就是大师的人生！

反反复复红尘路，山山水水又一程。在经历过人生数十载的起伏后，李叔同皈依佛门，他静静地走入庙宇，从此常伴青灯古

第5章
最美莲花：今唱清凉歌

佛。他很从容地做着这些事，就如同春去秋来般自然，却让世人倍感惊讶。

李叔同皈依佛门，马一浮对他影响很大。马一浮比李叔同年纪小，但是却做了李叔同的指引者。

李叔同和马一浮早在1901年就已经相识，他们二者有一个共同的朋友——谢无量。谢无量作为李叔同的知己好友，便将马一浮引荐给了李叔同。在浙一师做教师的期间，李叔同和马一浮的联系逐渐多了起来。马一浮如一盏明灯一般，照亮了李叔同迷茫的世界。同马一浮交往，李叔同的心越发清明，马一浮的儒释结合的思想，正是切中了李叔同精神领域。

现存马一浮致李叔同的信函一共有五封，其中内容大都是对于佛学的交流。马一浮也先后给李叔同邮寄了《起信论疏笔削记》、《三藏法数》、《天亲菩萨发菩提心论》、《净土论》等多部佛学精华著作。

李叔同也曾在给刘质平的信中提到："自去腊受马一浮大士之熏陶，渐有所悟。世味平淡，职务多荒。"

那些佛经典籍就如一泉静水，浸润着李叔同的心，他终于在浮华的光影里渐渐地走向了沉静。

2 凝·虎跑断食

【落花】

纷,纷,纷,纷,纷,纷,惟落花委地无言兮,化作泥尘;寂,寂,寂,寂,寂,寂,何春光长逝不归兮,永绝消息。忆春风之日暝,芬菲菲以争妍;既乘荣以发秀,倏节易而时迁。春残,览落红之辞枝兮,伤花事其阑珊已矣!春秋其代序以递嬗兮,俯念迟暮。荣枯不须臾,盛衰有常数;人生之浮华若朝露兮,泉壤兴衰;朱华易消歇,青春不再来。

——李叔同

第 5 章
最美莲花：今唱清凉歌

除去马一浮大士之外，还有一人，对李叔同出家起到了很大作用。他是李叔同在浙一师的同事，夏丏尊。命运使然，冥冥中在促成两人相遇相知的缘分。

夏丏尊也是和李叔同一样，在 1905 年到日本留学，入东京宏文学院。凭借自己的努力，他在两年后考入东京高等工业学校，因未领得官费，遂于 1907 年辍学回国。既然是命运的安排，他无奈也好，淡然也罢，都要接受。

辗转，夏丏尊就到了浙一师。他在校园里任舍监，同时还担任国文教师。在这里，他遇到了李叔同，两人成了知己好友。他们志趣相投，性格互补。他在浙一师待了十三年，李叔同则是待了六年。他们之间来往甚为密切。可以说，是夏丏尊促成了李叔同出家的机缘。

从形象上来看，两人差距很大。夏丏尊身材高大，而李叔同略显清瘦。但是在教育的思想上，两个人却是一致的，有一种默契。

他们两个人为刚刚改名的浙江省立第一师范学校合写了一首校歌。这首歌是由夏丏尊作词，李叔同作曲。歌词曰：

人人人，代谢靡尽，先后觉新民。可能可能，陶冶精神，道德润心身。吾侪同学，负斯重任，相勉又相亲。五载光阴，学与俱进，磐固吾根本。叶蓁蓁，术欣欣，碧梧万枝新。之江西，西湖滨，桃李一堂春。

他们希望"碧梧万枝新"，每一个枝叶都能向着阳光茁壮成长，待到学成之日，桃李满天下。

这两位提倡艺术教育的好友还一起办了一份校友会的刊物《白阳》杂志。李叔同自然又在刊物上发表了许多文章和歌曲。

夏丏尊向来是一个多愁善感的人。他也想超脱一点，可是却还是难脱身上这种抑郁的气质，他曾为此刻了一个印章，曰："无闷居士"。

他此时才二十几岁，本无多少愁闷，而自勉为"无闷"，却多多少少说明了他心中闷。李叔同却对他这性格很喜欢，觉得夏丏尊有一种诗人的气质，于是常常赞誉他为诗人。

一日，李叔同和夏丏尊相约西湖，闲话人生。湖心亭里，两人身穿长衫，品茗清谈，赏阅这湖心美景。

湖心亭，初名"振鹭"，始建于1552年，后改称"清喜阁"。湖心亭就是按照清代的清喜阁的样式重建的。清代所谓"钱塘十景"之一的"湖心平眺"指的就是这里的景色。

二人置身于亭中，尽览四周浩渺的烟波。群山抱着碧水，烟水朦胧，山水相映，霞光映碧波，犹如海上蓬莱之宫，令人心旷

第5章
最美莲花：今唱清凉歌

神怡。这样的风景，是李叔同和夏丏尊二人非常熟识的，如同老酒，越陈越香，如同老友，温暖舒心。他们经常会在课余雇上一只小船到这里来吃茶。这一天他俩却是为了躲避一个所谓的社会名流来学校里发表演讲。每每遇到这种情况，他们都是要走开的。在他们的眼中，与其听那些所谓的名流夸夸其谈，倒不如在这美景之中闲话人生更有意义。这种躲清静的做法，夏丏尊自觉得有些滑稽，随口就对李叔同说了句："像我们这种人，出家做和尚倒是很好的。"

只是随口的一句言语，可说者无意，而听者有心，这在无意之间触动了李叔同的心绪。一个念头，被种植在了李叔同的心中，待到尘缘了却，在他心中盛开出一朵幽静的莲花……

因此，在1920年，弘一法师欲往新城贝山掩关，杭州的朋友们在银洞巷虎跑寺下院为他饯行，席间弘一法师指着夏丏尊说："我的出家，大半由这位夏居士的助缘，此恩永不能忘！"

1915年的炎夏，那时候暑假刚刚结束，李叔同从东京回来。出于好奇，夏丏尊将一本日本杂志上一篇关于断食的文章给李叔同看。这样一种修行方法，让李叔同的精神为之一震，他决心一试。在1916年，他便身体力行，进行了一次断食的修行。他特地选在了虎跑寺。

这虎跑的来历，还有一个饶有兴味的神话传说。相传，唐元和十四年（819）高僧寰中（亦名性空）来此，喜欢这里风景灵秀，便住了下来。后来因为附近没有水源，他准备迁往别处。一夜忽然梦见神人告诉他说："南岳有一童子泉，当遣二虎将其搬到这里来。"第二天，他果然看见二虎跑（刨）地做地穴，清澈的泉水随即涌出，故名为虎跑泉。张以宁在题泉联中，亦给虎跑泉蒙上一层宗教与神秘的色彩。

虎跑寺有一位大护法，名叫丁辅之，是叶品三的朋友。于是经介绍，李叔同于农历十一月底，也就是学校放年假的时候，住进了方丈楼下的一间空房子里。

这一次修行让李叔同脱胎换骨，当夏丏尊问及时，李叔同这样描述道：这次的断食，前后一共进行三个星期。第一个星期，逐渐减食，直至完全不食；第二个星期，除饮水外，不进食；第三个星期，由粥汤开始，逐渐增食，直到回复到正常食量。

断食的修行给了李叔同一种全新的修行体验。

李叔同将自己真切的感受讲给夏丏尊："在全部断食时，会想吃东西。全断食那几天，心底清，感觉非常灵，能听任平常不能听，悟人说不能悟。我平日是每天早晨写字的，这次断食期间，仍以写字为常课，有魏碑，有篆文，有隶书，笔力比平日非但不减，反觉更加顺畅。"

这一次脱胎换骨般的修行，被李叔同视若重生。为了纪念这

第 5 章
最美莲花：今唱清凉歌

一次特殊的人生体悟，他取了老子"能婴儿乎"的语意，给自己取名李婴。

一个曾经纯正而且优秀的艺术家，却断绝尘缘，超然物外，几乎废弃了所有的艺术专长，让世人啧啧深叹，不少人为之惋惜，然而，这却是一种更高的攀登。

艺术作品是心灵的迹化。从繁华灿烂到平静淡泊，是修心的结果，亦是一种更高的艺术境界。也正因为心灵的超然，才使得他登峰造极，成为了一个纯粹的艺术家。

李叔同他拥有着满腹的才华，最后却选择了耳闻晨钟暮鼓，常伴青灯古佛。世人苦苦追求获得，因而身心俱疲，李叔同则学会了慢慢地放下，因此他越走越远，走向宽广无量的世界。

李叔同皈依佛门，并非是一时兴起的选择，而是早有端倪。我们从他的一些诗作里也可以读到他的归隐之心。

于 1827 年作曲的《真挚的爱》，李叔同的新填词中已有了要养真养足的归隐之意。

"惟空谷寂寂，有幽人抱贞独。时逍遥以徜徉，在山之麓。抚磐石以为床，翳长林以为屋。眇万物而达观，可以养足。惟清溪沉沉，有幽人怀灵芬。时逍遥以徜徉，在水之滨。扬素波以濯足，临清流以低吟。睇天宇之寥廓，可以养真。"

空谷之中，山麓之上，清流水滨，天宇寥廓，在他心中，尘世渐远。他将身心情怀,都寄予这自然的山谷仙踪。所谓,身未先动,心已先行。

他更是在《落花》中长叹落花纷纷而逝,他惋惜春光寂寂不归。春已残,梦已冷。枯荣盛衰是生命的常态,韶华易逝,朱颜改,青春将不复重来。他从极致的哀伤里看透了浮华,人生如朝露易晞,命运如白云苍狗。唯有放下衰容,放下悲苦,放下对青春、对命运的执念,才能寻找到生命中的永恒。

佛的种子,已经在李叔同的心中落下。他的脚步,已经渐渐地踏上了新途,奔向佛光普照的灵魂归途。

第 5 章
最美莲花:今唱清凉歌

3 断·西湖出家

【晚钟】

  大地沉沉落日眠,平墟漠漠晚烟残;幽鸟不鸣暮色起,万籁俱寂丛林寒。浩荡飘风起天杪,摇曳钟声出尘表;縣縣灵响彻心弦,幻幻幽思凝冥杳。众生病苦谁持扶?尘网颠倒泥涂污,惟神慭恤敷大德,拯吾罪恶成正觉;誓心稽首永皈依,瞑瞑入定陈虔祈。倏忽光明烛太虚,云端彷佛天门破;庄严七宝迷氤氲,瑶华翠羽垂缤纷。浴灵光兮朝圣真,拜手承神恩!仰天衢兮瞻慈云,忽现忽若隐。钟声沈暮天,神恩永存在。神之恩,大无外!

——李叔同

断食给了李叔同灵魂新体验，每一个夜里，他仿佛听到宁静的心湖里，有莲花在静静绽放。

那一年的除夕，依旧是灯火辉煌，家家户户都在欢庆这吉祥的团圆年。李叔同没有同家人团圆在一起，而是去了虎跑寺。在这期间，马一浮的朋友彭逊之，也准备入山习静。然而，几天之后，他竟然毅然地剃度出家，皈依佛门。

这件事给了李叔同很大的刺激，李叔同目睹了他受戒的过程，遂拜亙国寺的了悟法师为师，成为了他在家弟子，法名为演音，号弘一。其后，在他给刘质平的信中写到自己有出家的打算，只是等着刘质平在日本学成归来，他便可以了却尘缘，走向梵行之路。

此刻，李叔同虽是身在尘世，但心已远行，走向佛陀。

出家对于李叔同，虽然是别离尘世，却是一种精神的回归。1918年7月1日，李叔同向自己的学校提出了辞呈。然后，又将自己个人作品做了一些处理。美术作品送给了北京国立美术专门学校。一些所刻所藏的印章都送给了西泠印社……自己只留下了几件衣服和一些日用品。

李叔同出家之举，在学校引起了巨大的反响。在7月10日，学校举行了毕业典礼，校长经亨颐在当天的日记中写道："反省

第5章
最美莲花:今唱清凉歌

此一年间,校务无所起色。细察学生心理,尚无自律精神,宜稍加干涉。示范训谕之功,固不易见,以空洞人格之尊,转为躐等放任之弊。漫倡佛说,流毒亦非无因。故特于训辞表出李叔同入山之事,可敬而不可学,嗣后宜禁绝此风,以图积极整顿……"

在李叔同出家的前一晚,他应邀为好友姜丹书病逝的母亲写一幅墓志铭。最后落款为大慈演音,这也是李叔同俗家的最后一幅作品,写完之后,他将手中的毛笔一折为两半。当好友姜丹书来到李叔同的房间时,李叔同已经不在。他只见一支残烛和两截断笔,他又看见墓志铭的落款,方知李叔同已然是看破了红尘,去意已决。

对于李叔同的出家,他的学生丰子恺认为人生就像一座三层楼。满足物质生活的人就安心在第一层里住;满足精神生活的人可在第二层楼里;自得其乐若要追求灵魂生活,那么只有登上第三层楼上去了。李叔同在第一层楼里住得很安适,在第二层楼里活得也很光彩,但他的脚力大,他自觉自愿地要向着第三层楼登去。

纵观风云历史,皈依佛门者大有人在,然而,一些人遁入空门并非是对人生的顿悟,而是对现实的人生的幻灭,被世事伤透了心,因此才寻这佛门清净地,舔舐伤口。他们的胸中始终有一种委屈和不甘。并未真正地视自己为佛门释子,而是一个委屈的末路英雄，所托无门。如那智永和怀素，尽管身披袈裟，常伴古佛，但一生未有坚定的宗教信仰和修行，不过是寄身禅院的书家，身在山林，心在世俗。

李叔同则不然，对他来说，艺术的力量，过不了他精神的瘾。他便坦荡地走向另一个无量的精神世界。从他踏入佛门之时，他的红尘心已经被彻底地净化了。他曾在给侄子的信中说道："任杭教职六年，兼任南京高师顾问者二年，及门数千，遍及江浙。英才蔚出，足以承绍家业者，指不胜数，私心大慰。弘扬文艺之事，至此已可作一结束。"

丰子恺曾这样称赞李叔同："文艺的园地，差不多被他走遍了。"他的出家，是一种人格的完满和升华。他自会坦然地放下过去，步履坚实地颂着佛经，向前走去，此生再无惘然。

禅宗里有这样一个公案。有一天，老禅师带着两个徒弟，提着灯笼在黑夜里行走。一阵风吹起，灯灭了。"怎么办？"徒弟问。"看脚下！"师父答。当一切变成黑暗，后面的来路，前面的去路，都看不到，如同前生与后世的未知，如同失去了活着的过去和似梦般缥缈的未来，我们要做的是什么？当然是："看脚下，看今生，看现在！"

看脚下！看今生！看现在！没有什么比脚下踩的地更踏实，没有什么比今生更现实，没有什么比现在更真实。当时当刻的李叔

第5章
最美莲花：今唱清凉歌

同，已经将过去所有的光华都轻轻放下。**他脚下踩踏着的，是通向佛陀的路。纵然再多艰难，他也会勇敢地向第三层楼登去。**

李叔同平静地走向了虎跑寺，身披着袈裟，穿着芒鞋。闻玉和丰子恺等人来为他送行，他却独步向前，始终没有回头，任凭他们嘶声哭喊。他的心已空明如静水。

李叔同皈依后，研佛读经更勤。在他的心灵境界里，佛已占据了绝大部分空间。他写了一首《晚钟》。

心底的莲花在平静中绽放，寺庙里传来钟声，像是一种灵魂的召唤。从此，他的心被梵音佛语涤荡，尘世哀愁，缥缈如云，再也不会挂碍于心。一个月后，**夏丏尊去探望李叔同**，无意间说了气话："这样做居士，究竟不彻底，**索性做了和尚的，倒爽快。**"

"索性做了和尚"，李叔同真是这样彻底地做了。在夏丏尊走后不久，他便到虎跑寺正式地剃度。1918年农历七月十三日这一天早晨，李叔同告别了任教6年的浙江省立第一师范院校，正式出家为僧，成了和尚。从此世上再无李叔同、文涛。佛门里，多了一名弘一僧人。

李叔同出家的时候，夏丏尊已经回了上虞老家，当时并不知道这情况，他也更是万万没有想到李叔同会如此痛快地就出了家。在暑假结束的时候，夏丏尊听到了李叔同剃度为僧的消息，大为震惊。他急匆匆地到虎跑寺去看他的时候,李叔同已是身着青衫的和尚了。

看着满脸惊诧的夏丏尊,李叔同只是平静地笑着说:"昨天受剃度的日子很好,恰巧是大势至菩萨生日。"一字一句,如此从容。

看着李叔同平静地讲述着他出家为僧的感受,夏丏尊才恍然大悟:自己的那些不经意的言行,可李叔同却都是认真的。他甚至常常会在自己的头脑中假设,如果当初不介绍他看那篇断食文章;如果他不再挽留他在学校继续任教;如果他没有不经意地说出:"像我们这种人,出家做和尚倒是很好的。"又假如他不说那句话:"这样做居士,究竟不彻底。索性做了和尚的,倒爽快!"此时此刻的李叔同又会怎样?是不是,他此刻就不会捻着佛珠,读经颂律?

假如……假如……再多的设想,终是徒劳,弘一法师修佛之心已定,只是夏丏尊始终还难以接受。

夏丏尊在临别时与之作约:尽力护法,吃素一年。弘一法师看着夏丏尊,微笑着回答了四个字——阿弥陀佛。他的微笑,如绽开的莲花一般,精美、慈悲。夏丏尊一愣,心中再起一种莫名的情绪,眼前的好友,音容未改,却仿佛被注入了新的灵魂。

在那之后,夏丏尊再也不敢随意与弘一法师说玩笑话语。信

第5章
最美莲花：今唱清凉歌

仰是一个人的灵魂之花，主宰着人生的轨迹和事业的弃取。正因为对佛教的大彻大悟，才有了他对俗世的大弃大毁。

李叔同一出家，即告别尘世的一切繁文缛节，并发誓："非佛经不书，非佛事不做，非佛语不说。"

受戒后，李叔同持律极严，完全按照南山律宗的戒规：不做住持，不开大座，谢绝一切名闻利养，以戒为师，粗茶淡饭，过午不食，过起了孤云野鹤般的云水生涯。他在世人的眼中，完全成了一名苦行僧。

这样一种蜕变，在常人看来觉得不可思议，甚至，许多不知情的人都以为这只是人们以讹传讹的夸张说辞。从富贵里走出来的翩翩公子，到今时今日的破钵芒鞋的苦行僧，人们以为这是传奇。李叔同却是以一颗平常心淡然地完成了"由儒入释"的转化。

李叔同出家，对夏丏尊的触动很大，夏丏尊在《弘一法师之出家》中如是说："自从他出家以后，我已不敢再毁谤佛法，可是对于佛法见闻不多，对于他的出家，最初总由俗人的见地，感到一种责任。以为如果我不苦留他在杭州，如果不提出断食的话头，也许不会有虎跑寺马先生彭先生等因缘，他不会出家。如果最后我不因惜别而发狂言，他即使要出家，也许不会那么快速。我一向为这责任之感所苦，尤其在见到他苦修行或听到他有疾病的时候。"

后来，夏丏尊也开始接触佛典。对佛法了解多了，他也渐渐地释然，很久以后方才醒悟，李叔同的出家，都是他夙愿所偿，并且都是一种难得的福德，他为他欢喜。而之前的自责和愧疚，也就消散了。

李叔同的出家为僧，受打击最大的，应该是他的两位妻子。因为在此之前，他并没有显示出任何要出家为僧的迹象。他走得很平静，却又太突然。他托友人送自己的日籍妻子回国。他平静地了了尘缘，可他的妻子怎能平静地接受他的安排？曾经的怦然心动，曾经的浓情蜜意，恩爱十年，毫无征兆地就被割裂。她不信他们的爱已经不在。她说在日本，僧人可以有妻子。

可是，任凭他的妻子梨花带雨，他已然心境如水。他不是无情，而是参悟了大爱，所有带有欲望的爱，都是虚妄的，唯有慈悲在心，大爱才能常驻于心。所以，当面对她情感的质问时，他轻声说：爱，就是慈悲。

那一刻，便是他们最彻底的永诀。

他平静地离去，她只能深深地望着他薄凉的背影，泪如雨落，却始终没能看到他转身。

她如他所愿回到了日本，从此佛门俗世两想忘，此生不复相见。

李叔同的妻子俞氏，更是难以接受他出家为僧的事实，1921

第5章
最美莲花:今唱清凉歌

年,她找到了李叔同的昔日好友,到杭州来寻他。寻了好几座庙才找到了他。

他们几人坐在一起,几人问话,李叔同才会回答。始终不问一字。他的嘴角,始终带着笑容,不是专属的温暖,而是一种广博的慈悲。他的神情,写满了平静和从容。

最后,他还是一人只身离去,俞氏怆然痛哭,却再已经挽不回他远去的脚步。俞氏孤独离去,终日以泪洗面,抑郁成疾,不到一年的时间便寂寂离世。

他从繁华声中遁入空门,毅然决然,从此,尘世再无李叔同。与李叔同相关的一切,都成了一段精彩的传奇故事。

4 修·脱胎换骨

【昨夜】

昨夜星辰人倚楼，

中原咫尺山河浮。

沈沈万绿寂不语，

梨华一枝红小秋。

——李叔同

皈依佛门，剔去三千烦恼丝，并不意味着就可以真正地清心无欲。佛门，是凡尘的终点，亦是踏入了梵行苦修之路。

对于弘一法师来说，他在俗世经历了诸多的人生风雨，第一

第5章
最美莲花：今唱清凉歌

次带着家属从天津奔赴上海，他成长为一个真正的男人，而后母亲离世，成为他心中的至痛。他满怀希望地赴日留学，渴望开启新的人生，然而，命运的安排，并未给他施展抱负之地。之后，他投身艺术教育，赋予他人生新的意义，数年的教学生涯中苦乐参半，人生杂味他一一尝遍。

对于艺术的追求，让他更加透彻地体悟生命，从凡尘到佛门，他历尽了生命的苦，感受到灵魂的真，他心底绽放的白莲，圣洁而美好，引着他的灵魂走向菩提世界，顿悟生命大爱。

然而，一入佛门，红尘往事便成了空相。他曾是俗世里的才子，卓越不凡的艺术家。然而，俗世功名被隔在了佛门之外，作为一个新的僧人，他将走向这条孤独的修行之路。

出家之前，在写完最后一幅字后，弘一法师将毛笔一分为二，已经决心将诗、书、曲、画等技艺全部放下。然而，范古农的一句话，让弘一法师留下了书法的技艺。弘一法师是1918年在听马一浮在嘉兴佛学会上讲授《大乘起信论》的时候结识了作为会长的范古农。当弘一法师决定放下一切红尘事，将技艺皆抛的时候，范古农说："若以佛语书写，令人喜见，以种净因，此为佛中事。"

书写可以作为一种佛中事，可以种下净因，弘一法师便与书法结下了佛缘。他为后世留下了许多佛教书法的珍品。书法，从某种意义来说，是一种禅。弘一法师的书法风格独具特色，其中内容和蕴含的深意已经远远超过了普通意义上的书法。

弘一法师专注在佛学创作中，苦修经书。时光在一声又一声的钟鸣里悄然地轮回。光阴累积下了越来越多的故事，此时的俗世里，没有李叔同的故事发生，红尘中，再无他的脚步。可他的朋友们却始终难以忘怀这个曾经真挚的朋友。

好友们陆续来访，此时杨白民已经按照嘱咐将李叔同的日籍夫人送回了日本。对此，弘一法师并无言语。他为杨白民写了《训言》，提醒他生死事大，劝他提早醒悟。另一位好友袁希濂在当时已经任杭州的法官，在过完年之后又将调往武汉，因此来向弘一法师辞行。他们静默地对望，徒然生出时过境迁、物是人非之感。

当年天涯五友在一起的时候，无比快意，一切光影记忆，就恍如在眼前，让人心心念念，却不可触碰。此时对坐的，是一个功名一身的法官和一个青衫素雅的僧人。弘一法师还对袁希濂说了一件不可思议的事情。他告诉袁希濂他的前生是个和尚，还特地让袁希濂去看印光法师刻印的清人周梦颜的佛学著作《安士全书》。当时的袁希濂只以为是一时戏语，直到后来的民国十五年，他终于看到了周梦颜的佛学著作《安士全书》，看过之后，幡然悟道，之后便归于佛门。

第5章
最美莲花：今唱清凉歌

弘一法师在入佛门之后，慈悲心怀更为宽广。

僧人们有"结夏"的仪规，"结夏"是僧人每年有三个月的时间需要在僧籍所属的寺院里面静修。在这个期间，寺里有一只小黄狗病死了，于是弘一法师请了一位僧人，一同为其念经超度，并送到了青龙山麓埋葬。

一次，弘一法师在渡江的船上看见了一只老鸭被关在了笼子里，主人准备将老鸭送到乡下去宰杀。面对一个生命将亡，弘一法师立刻恳请替老鸭赎命，并以三倍的市值买下了老鸭。后来，弘一法师授意丰子恺将老鸭形象绘出，再由自己题词，最后编入《护生画集》。

"罪恶第一为杀，天地大德曰生。老鸭札札，延颈哀鸣；我为赎归，畜于灵囿。功德回施群生，愿悉无病长寿。"

更有一次，弘一法师在寺庙里掩关，偶然发现那里的老鼠很凄惨。他便动了恻隐之心，时常有意剩下自己的饭菜，定时放在墙角供老鼠享用。他还找来破布和棉絮给老鼠做窝用。

时光荏苒，这个曾经声名远播的翩翩公子已经出家近两年之久。他日的文化名人，今时的佛门僧人，他虽说是遁入了空门，可是他的传奇却不曾因此而停歇，宗教为他的人生更加渲染了一层神秘色彩。曾经的亲友频频到访，以表关心，但是反而搅扰了他的清修。他想放下世事，然而世事却并不愿意放下他。再加上杭州寺庙香火旺盛，对于弘一法师来说，的确有不小的妨碍，有时候甚至连静心都是难事。

纵观弘一法师多年的修行，似乎总是在不断地迁徙之中，且居无定所，他对自己极为严格，因此总是会留给人们一种苦行僧的印象。

弘一法师也曾想过寻一处幽静之处，能够安心地修行，参禅悟道。他曾在浙一师任教期间得知杭州的贝山是一处幽静之所，所以他决心前往掩关。

时年6月，弘一法师终于踏上了行进贝山之路，弘一法师轻轻地向岸边送行的朋友和学生挥手作别。

蓝天之下，江水悠悠，水波一圈一圈地荡向远方，不知，此时的弘一法师的莲心会否轻颤，泛起微微凉愁。

入山之后，弘一法师本想借此次良机开始自己的钻研，然而，事并不一定遂人愿。贝山，并非人们想象的恍如仙境的清幽圣地，那一段日子接连的暴雨使得他筑屋修行的计划破灭了。于是便住进了灵济寺，潜心研究佛书。

在寺中，印光法师对弘一法师关爱有加，弘一法师也对印光法师非常崇敬。在后来的修行之中，弘一法师一直以印光法师为榜样，严格自律。

佛在《金刚经》中教诲菩萨要"不受福德"。享福必会增长

第5章
最美莲花:今唱清凉歌

贪、嗔、痴、慢、疑等恶习。不但不能降伏其心,不能消除业障,障恶反与日俱增。此为堕落之因。故应"以苦为师,以戒为师"。弘一法师则深深地将这佛理印记在心,并身体力行,始终做一个苦行僧。

一次,弘一法师辗转到了宁波的七塔寺,好友夏丏尊当时正好在宁波任课,于是两人有此机缘得以相见。好友夏丏尊见弘一法师住宿条件极差,曾经的贵公子,如今和其他僧人一齐睡统铺,心中倍感酸楚。于是夏丏尊请弘一法师到白马湖居住。几次请求后,弘一法师应邀去了,但是却带上了他自己的铺盖。到了白马湖,他将自己的破席铺在了床上。当他拿出一条破旧的毛巾去湖边洗脸的时候,夏丏尊要为弘一法师更换。夏丏尊为弘一法师的贫寒窘迫而感到辛酸,而弘一法师却从容地将毛巾展开给夏丏尊看,以表示这条毛巾还可以用。最后,夏丏尊无奈,只得掩面离开。

此外,弘一法师一直坚持过午不食,只要错过午饭时间,他宁可挨饿也不会再进食。当夏丏尊看到弘一法师欢喜地吃着素淡的白菜萝卜时欢欣的样子,甚至都要哭了出来。夏丏尊知道,眼前的这个人,彻底地变了。他成了真真正正的弘一法师。曾经那个放荡不羁的才子,那个镶着金边的贵公子,在这个世界上,已经不复存在了。

夏丏尊曾在《生活的艺术》中写道：在弘一法师的世界里，一切都好。百衲衣、破卷席和旧毛巾一样好，青菜、萝卜和白开水同样好。咸也好，淡也好，样样都好；能在琐碎的日常生活中咀嚼出它的全部滋味，能以欢愉的心情观照出人生的本来面目，这种自在的心性，宛如一轮皓月，大师的内心是何等空灵的境界啊！

这一切众人认为的苦，在弘一法师的眼中并非觉得苦，他在这种苦修中体会到了一种无价的轻松和超脱，更有了轻灵的顿悟。

第6章 浮生若梦：相逢有宿缘

觉·皈依佛门

【夜泊塘沽】

杜宇声声归去好，天涯何外无芳草。春来春去奈愁何，流光一霎催人老。新鬼故鬼鸣喧哗，野火燐燐树影遮。月似解人离别苦，清光减作一钩斜。

——李叔同

韶华短暂，只看过了多少个春去春来，人生愁苦，有多少情丝记挂，难以忘怀。

这些年，弘一法师始终对丰子恺惦念，他一直都想找机会再和丰子恺见上一面。师徒二人自从六年前在杭州告别之后就没有

第6章
浮生若梦:相逢有宿缘

再见过面。这回在白马湖没有见到丰子恺,他便辗转到了温州的"晚晴院"。这名字是李叔同所起,因为他特别地喜爱李商隐的诗句"人间重晚晴",所以特以此命名自己的居所,并且,他还郑重地请陶文星老人书写"晚晴院"匾额。

"晚晴院"算得上一处清幽之所,在这里居住的日子,弘一法师又开始了经书的写作。在这里,他虔诚地写下了《梵纲经》、《梵纲经合注》、《梵纲经玄义》等。执笔泼墨,钻研佛经,在每一个寂静的日子里,他都与这袅袅梵音为伴,佛在心中,他从不孤独。

岁月辗转,生命交替,转眼间又到了1926年的春天,弘一法师又从温州回到了杭州,这个美如画卷的城。他住在西湖边上的招贤寺从事《华严经疏钞》的厘订、修补与校对。

招贤寺,是一处环境绝好的地方,依傍着湖水,又被葱葱的山岭环抱。这幽幽的美景,绵绵的湖水,勾起了他对学生的思念之情。在寺中刚刚落脚,他便立刻给身在上海的丰子恺寄去了一张明信片,上面写着:"近从温州来杭,承招贤老人殷勤相留,年内或不复他适。"

弘一法师思念爱徒,而丰子恺也同样是非常记挂弘一法师,师徒二人,情感深厚,又多年未见,所以,当丰子恺收到自己恩师弘一法师的明信片时,心中是万分激动的。

几天后，丰子恺与夏丏尊相约一同赶往杭州，去看望弘一法师。火车之上，丰子恺望着路边疾驰而过的风景，陷入了深深的回忆。

丰子恺将赴日本前几天的一个夜晚，同刚刚皈依佛门的老师匆匆告别，从此后，开始了生命的奔波，风风雨雨这么多年，直到今日，才有机会再次拜会自己的恩师。

夏丏尊和丰子恺终于来到了招贤寺。二人步入正殿后，并未见到弘一法师，而是寺主弘伞法师出来迎接。

弘伞法师用一种平和的语气说："弘一法师日间闭门念佛，只有送饭的人出入，下午5时才见客。"

这就意味着，丰子恺和夏丏尊二人要再等十个小时才能见到弘一法师。无奈之下，二人离开，各寻旧友。当丰子恺提起自己要去拜会恩师弘一法师之时，几位旧友皆意欲同行，最后三人与丰子恺同行。当丰子恺一行几人来到招贤寺的时候，弘一法师正在和夏丏尊谈话。

弘一法师见到丰子恺后，温暖地笑了，他随即起身，向丰子恺迎了过来。时隔六年，再见之时，经历了尘世沧桑的师徒二人，彼此间的情感依然浓厚。一番关切言语之后，弘一法师将几人引到了招贤寺殿旁的一所客堂里。这客堂陈设简单朴素，甚至可以说是有些空旷，并没有过多的摆饰。除了旧式的椅子、桌子外，

第6章
浮生若梦：相逢有宿缘

只挂着梵文壁饰。这种简单，给人一种宁静的感受。

夏丏尊把与丰子恺同来的几个人一一介绍给弘一法师，每介绍一位，弘一法师都含笑致意。就如同一个慈祥的老者，经岁月沧桑，受佛法洗礼，他的周身，都散发着一种慈悲之光。这一切，他的学生丰子恺都看在了眼里，他深深地理解了恩师，恩师走向佛法，并未与世人殊图，而是一种灵魂的皈依。

同来的杨君迫不及待地向弘一法师请教起有关佛教、儒道的种种问题来，还说及了自己与佛之缘。弘一法师始终面带着慈祥的笑容，一一回答。

佛学的智慧，渐渐地濡染了丰子恺的心，他听得痴迷，对弘一法师的崇敬，也更深一层。后来，他回到故乡之时，向母亲激动地讲述拜望弘一法师的经过，并且还特找出法师出家前送给他的一包照片带回上海。这些照片中，有穿背心、拖辫子的，有穿洋装的，有扮演《白水滩》里十一郎的，有扮《茶花女》里马格丽特的，有作印度人装束的，也有断食十七日后的照相……每一张旧照片，都是一段美妙而难忘的回忆。每拿起一张，他都要向母亲认真地做一番讲述。后来，丰子恺归入佛门，法号"婴行"，但他并未剃度，是修行佛法的俗家弟子。弘一法师继续教授丰子恺佛法，二人又在佛门做了师徒。这也许就是佛法带给他们的缘分。

俗世的李叔同，是各界知晓的文化名人，他将艺术领略到极致。佛门的弘一法师，同样是成就非凡，为佛学的发展献出了巨大的力量。有人说，命运的安排注定了他一生传奇与辉煌，然而，他真正不凡的原因在于执着于心中的信仰。当他信仰艺术时，他便会执着地追求。如今，他一心向佛，故竭力投入到佛学研究，终而修成了许多著作。

1924年，他研究《四分律》，融会多部佛学著作，最终撰写出了《四分律比丘戒相表记》，对佛学界产生了深远的影响。

只有经历过、认真过、执着过的人们，在回望生命之时才会发现，生命并非注定的方程式，每个人都可以通过自己的努力来自己命题。弘一法师，用自己的认真和执着，踏出一条走向佛光的路。

弘一法师接人待物都非常温和，视众生平等。他天生的慈悲情怀，系念苍生，以至于最终的大彻大悟。来访之人，他都会亲切对待，然而，一些地方官僚、军界政要来访，他却都拒绝接见。

在内心之中，他始终都会秉承自己的信仰，去帮助那些真正需要帮助的人。

1926年，炎炎盛夏，弘一法师和他师兄弟弘伞二人来到了庐山的大林寺，为弘一法师静心的调养。在此期间，弘一法师完成了《华严经十回向品初回向章》，并且还拯救了一个叫彭小玉的可

第6章
浮生若梦:相逢有宿缘

怜姑娘。

彭小玉是当地石匠的女儿,从小就聪明伶俐,学习成绩一直很好。那一年,二十岁的彭小玉考上了北京大学,全家人都为之欢喜。可谁都无法料想,灾难却随之而至。

一次,她在自己的家里发现了一件贵重的国宝,那是一块唐代的大书法家柳公权所书的石碑。哥哥为了给她凑够学费,要将这价值连城的石碑卖给一个英国的牧师。彭小玉知道这块石碑的价值,想要将钱还给那个牧师,将石碑拿回来。狡猾的牧师假意答应归还,并邀小玉共进晚餐,无耻的牧师在酒中动了手脚,趁小玉晕厥时将她强奸。她清醒时看到的却是按有她的手印的一纸同意将石碑卖出的契约。

小玉的哥哥知道了事情的缘由便要去找牧师寻仇,结果被关进了监狱。为了救哥哥,小玉又再次找到牧师,要他放过哥哥。然而,无耻的牧师竟让小玉做自己的情人。小玉却不肯答应,牧师便要求小玉到山洞中去思过,并扭曲事实,将所有的罪责全部都推到了小玉身上。为了保全哥哥,小玉住进了山洞,这一住就是三年,也放弃了学业。这其间只有家人为小玉来送食物,她完全与世隔绝。

三载的生命轮回,小玉已经不是当年那个青春艳丽的小姑娘,她的心中充满了恨与失望。当家人接她回家的时候,小玉已经心灰意冷，不愿再回到现实生活里去。

家人看到小玉的样子，都为她心痛。可怜的老父亲听说大林寺来了高僧，于是带着自己的儿子在寺庙之外长跪不起。

弘一法师在听说了事情经过后，对小玉的遭遇动了恻隐之心，次日便来到了困守小玉的山洞。小玉之前听说过弘一法师德高望重，当得知弘一法师到来时，她激动地跑出来，仿佛见到了菩萨一般，她相信弘一法师能够解救她的苦难。她跪倒在弘一法师身边，痛苦地将自己心中的委屈一一诉说。弘一法师只是一直用温情慈悲的眼神看着她，听小玉诉说心中的悲苦。当弘一法师问及小玉为何在禁闭期满后还不出来时，小玉的情绪十分激愤，她怒声地说她痛恨这个世界，她的心已经死了，比起外面残酷的世界，她更愿意在这山洞里草草了结此生。

弘一法师见小玉心中仇怨太深，痛苦至极，遂苦心规劝，劝她要顾念自己的亲人，要重新地振作起来。然而她的眼神又恢复了一片死寂和灰暗。最后，她又转头回到了山洞。

小玉的态度坚决，但是弘一法师却并未放弃小玉。于是弘一法师就坐在洞口打坐。他发愿一定要带着小玉下山。夜半，庐山下起暴雨，雷电交加，狂风呼啸。然而，疾风骤雨里，弘一法师却定坐如山。小玉一直在洞里看着弘一法师，风雨、雷电、寒冷……对弘一法师一次又一次的洗礼。小玉的心一点一滴

第6章
浮生若梦：相逢有宿缘

地被弘一法师的慈悲所感化着。过了许久，小玉终于走出了山洞，跟随着法师下山。走出山洞的小玉感受到了阳光的温度，而弘一法师的慈悲正如这温暖的阳光，照进了她的心中。在小玉回到家后，弘一法师还为她写了一封推荐信，推荐小玉去日本留学，小玉在日本开始了自己崭新的人生。她也没有辜负弘一法师的期望，最终成为了很有名望的画家和散文家。

生命的苦乐，只在一念之间，弘一法师用慈悲的心怀，改变了小玉的怨恨的执念，因而，使得小玉的生命重新绽放光彩。

2 惜·现世福泽

【春风】

春风几日落红堆,明镜明朝白发摧。一颗头颅一杯酒,南山猿鹤北山莱。秋娘颜色娇欲语,小雅文章凄以哀。昨夜梦游王母国,夕阳如血染楼台。

——李叔同

时光辗转,又是一年山花烂漫的好时节。在1921年春夏之交,弘一法师奔赴永嘉。这一次,他结识了与他同一时代的国画家刘海粟。

命运赋予了他们相近的才华,然而,他们却在相似的命运面

第6章
浮生若梦：相逢有宿缘

前走出了不一样的人生轨迹。李叔同默然地接受了家庭安排的婚姻，而刘海粟则是在新婚之夜毅然逃婚。他的生命中写满了反抗和叛逆，他不断地追求自由、不断创新，为自己赢得新生。

对于艺术，刘海粟始终是喷涌着热血。他在接受了西方绘画艺术的熏陶之后，又承接中国绘画的传统理念，对绘画艺术进行革新，让绘画这种艺术形式更放光彩。

总之，刘海粟和弘一法师，两位艺术家人生迥异，他们的相遇相知，不得不说是一种难得的缘分。刘海粟始终对李叔同心怀崇敬。晚年的刘海粟说过，在近代的人中，他只拜服李叔同一人。

弘一法师给刘海粟留下了深刻的印象，根据刘海粟的叙述，他去关帝庙中看望弘一法师，当他看到弘一法师光着脚穿着草鞋，又见他的一张破床板竟然难过得哭了。

而当时，弘一法师本人却不觉有何异样，反而感到一种发自内心的自在。他在出家之后就一直做一个苦行僧人。俗家的生活习惯早已经改去，并一直坚持非时食戒，过午不食，衣着、住行都很朴素。这种朴素让他更懂得珍惜这世间每一分福泽。

世间原本多福多爱，只是越来越深的欲望阻塞了人们对爱的感知。吃得痛苦辛寒，才能感受到人生甘甜。

佛法修行，是一条漫长的路，红尘苦行，他望见极乐世界的佛光普照，那是佛家释子的信仰。弘一法师在佛学的修行之路上，潜心研究，并取得了累累硕果。

丰子恺曾这样评论自己的老师："弘一法师由翩翩公子一变而为留学生，又变而为教师，三变而为道人，四变而为和尚，每做一种人，都做得十分像样。好比全能的优伶……都是'认真'的缘故。"

对佛的信仰在心中生根，他生命中的每一分钟，都与佛密不可分。

佛法融入了他的生命，他便全力护之。令人们记忆深刻的，是弘一法师在"灭佛事件"中挺身而出。

1927年的初春。春寒料峭之际，此时北伐初成，政局未定，"革命"的浪潮一波又一波涌起，一些偏激的青年，高举灭佛的旗帜，进行了对僧人的驱逐。于是，一场非理性事件产生——"灭佛事件"。外界喧嚣四起，身为佛门释子，弘一法师自然挺身而出，保护佛法。于是，他采取了积极的应对方式。一方面，他写信给地方上的党政要员，要求政府采取适当措施。另一方面，他主动召集一些热血青年座谈对话，同时写了许多劝戒的书法，赠送与会青年。座谈会上，他晓之以理，动之以情，很快就拉近了双方的感情距离。在多番努力之下，一场危机终于化解。

丰子恺先生在《我的老师李叔同》中曾写道："李叔同是一个万事皆认真的人。少年时做公子话剧，像个演员；学油画像个

第6章
浮生若梦：相逢有宿缘

翩翩公子；中年时做名士，像个名士；作画时，像个美术家；办报刊，像个编者；当教员，像个老师；学钢琴，像个音乐家；做和尚，像个高僧。"的确，弘一法师在每一角色中，都十分认真，并全力做到极致，此时，他是一名保佛护法的僧人，亦是一位保家卫国的僧人。

抗日战争爆发后，厦门的战局十分紧张。许多朋友劝他到内地躲避战乱，他坚决拒之。他向大家表示："念佛不忘救国。""为护法故，不避炮弹。"他决心与厦门共存亡。

弘一法师说："佛者，觉也。觉了真理，乃能誓舍生命，牺牲一切，勇猛精进，救护国家。是故救国必须念佛。"

他将一幅幅写着"念佛不忘救国，救国不忘念佛"的字幅送给有缘人，他动员全国的佛教众一同奋起反抗，保卫国家。在弘一法师的号召之下，越来越多的僧众加入到了救国护教的运动之中，形成了不小的声势。

为铭志，他自题"殉教堂"的匾额，挂在自己室中。明确表示"时事不静，仍居厦门，倘值变化，愿以身殉，为诸寺院护法，共其存亡"。

一日，日本某司令来访，这位骄横的日本将军威逼弘一法师以日语对话。大师大义凛然，坚决拒之曰："这是中国的地方。将军在华言华，必须说中国话。至于贵国的什么日语，对不起，我早忘记了!"

"大日本为君之婿乡,又有血缘之亲。忘之?不可能吧!"日本将军冷笑了一声,又在步步进逼,"君如今乃佛门中人,当以弘扬佛法为己任。我大日本之环境较贫穷落后的贵国不知要好多少倍。法师若愿命驾,吾当奏明天皇,以国师礼专机迎往。不知意下如何?"

大师听罢,义正词严道:"出家人宠辱俱忘,时刻不忘弘扬佛法。鄙国虽穷,爱之弥笃!尤不愿在板荡时离去,纵然以身相殉,亦在所不惜!"最后,这位日本司令竟无言以对,愧汗而去。

真正的佛教以济生利世为己任,是积极入世的。1937年5月,弘一法师暂住厦门万寿寺,当时,正好赶上厦门举行第一届运动会。筹委会想请大师一首曲子,而又恐他以"一心念佛,不预世事"为由而婉辞,故不敢前往。

刚巧,这事情兜兜转转就传到了弘一法师的耳中。之后,弘一法师自告奋勇为厦门市第一届运动会撰写了《会歌》,他把体育与振奋民心、团结抗暴结合了起来。于是,便有了一首壮歌:

禾山苍苍,鹭水荡荡,国旗遍飘扬!

健儿身手,各显其长,大家图自强。

你看那,外来敌,多么披猖!

第6章
浮生若梦:相逢有宿缘

请大家想想,请大家想想,切莫再彷徨。

到那时,饮黄龙,把国事担当;

到那时,饮黄龙,为民族争光!

从这词中,我们清晰可见的是弘一法师凛然的民族气节。国旗飘扬,是中华民族永不倒下的气节,当敌寇入侵,每一个华夏儿女都将各显身手,保卫国家……这词的字里行间,涌动着一种雄浑的使命感。虽然,他是佛门中人,但是,始终会把国事担当。

当有人看到政治形势日益紧迫,劝他转往内地,躲一躲风头,以躲避祸难,然而,弘一法师却说:"吾人吃的是中华之粟,所饮的是温陵之水,身为佛子,于此时不能共行国难于万一,自揣不如一只狗子;狗子尚能为主守门,吾一无所用,而犹腼腆受食,能无愧于心乎!""因果分明,出家人何死之畏!"

弘一法师言辞决绝,佛法在心,便无惧无畏。

为弘扬佛法,弘一法师还著了《护生画集》。丰子恺与弘一法师合作护生画的编绘是从1927年就开始了。也就是在这一年的10月21日,即农历九月廿六,丰子恺在上海的家中举行仪式,拜弘一法师为师皈依佛门。

丰子恺晚年曾写过一篇《戎孝子和李居士》的随笔,文中写道:"我的老师李叔同先生做了和尚。有一次云游到上海,要我陪着去拜访印光法师。文学家叶圣陶也去……叶圣陶曾写一篇《两法师》，文中赞叹弘一法师的谦虚……印光法师背后站着一个青年，恭恭敬敬地侍候印光。这人就是李圆净。后来他和我招呼，知道我正在和弘一法师合作《护生画集》，便把我认为道友，邀我到他家去坐。"

丰子恺皈依佛教后，日益受到佛法感召，佛性渐深，心中的悲悯情怀便愈发宽宏。弘一法师和他也都想在弘扬佛法上做一件实际的事，并不仅仅是单一地向人们讲授佛理佛法。

丰子恺长于画作，于是，多番考虑，二人便酝酿编绘一部画集，取名《护生画集》。其中内容，集弘扬佛法、鼓吹仁爱，劝人从善戒杀的大计划。

二人商定之后，便决定立即行动，由二人共同觅得题材，然后由丰子恺作画，后由弘一法师配诗文，这样，图文并茂，可以将佛法很好地表达。他们设想，若能编绘出二十四幅，就可以先行出版。后续，会将画集继续。

这是一部画集，更是一种慈悲的力量，弘一法师正是希望通过这种形式，将佛的慈悲心发散到社会上，让更多的生命减少苦难，接受佛光普照。

第6章
浮生若梦：相逢有宿缘

3 念·清修戒律

【秋柳】

甚西风吹绿隋堤衰柳，江山依旧。只风景依稀凄闵时候。零星旧梦半沉浮，说阅尽兴亡，遮难回首。昔日珠帘锦幪，有淡烟一缕，纤月盈钩。剩水残山故国秋。知否？眼底离麦秀。说甚无情，情丝跷到心头。杜鹃啼血哭神州，海棠有泪伤秋瘦。深愁浅愁难消受，谁家庭院笙歌又。

——李叔同

这世间总会有深深浅浅的愁，因为心有记挂，所以忘不了，也放不下。此时的弘一法师心中所放不下的，恐怕只有佛法。

自从决定要做这《护生画集》之后，师徒二人形影不离，许多人甚至会说：丰子恺成弘一法师的影子了。或许是受佛法濡染，丰子恺仿佛是变了一个人，周身散发着一种和弘一法师一般的宁静。

他的站姿端正，坐姿规矩，不会像从前一般随意斜坐，并且两手垂直地俯在膝上。平时很安静，有问必答，不问不答，说话的声音低缓。越来越有佛僧的模样。

因为和弘一法师相交亲近，有许多朋友想见上弘一法师，都会来找丰子恺。弘一法师声望很高，许多人都对他非常敬仰，这其中就包括文学家叶圣陶先生。

一天，叶圣陶正在赶路，抬头时突然看见迎面过来三辆人力车。最先一辆上坐着一个和尚，他没有太多在意。然而，在第二辆上面坐着丰子恺，正欣喜地向他点头示意。

叶圣陶也微笑地点头回应，这时他忽然意识到，丰子恺的后面一定是弘一法师。这样想着，他的心中激动不已，几秒钟的时间，他等待着能够看一眼弘一法师，就如同等待一个庄重的仪式。

当第三辆人力车刹那掠过，叶圣陶发现车上果然坐着的是一个和尚，虽然只是短暂的瞬间，但是却给叶圣陶留下了深刻的印象。他面容清瘦，略有稀疏的长须。在这短促的一面之缘后，叶圣陶更加迫切地期待拜访弘一法师。

第6章
浮生若梦:相逢有宿缘

叶圣陶拜托丰子恺,希望有机会时介绍他见一见弘一法师。第二天,叶圣陶果然收到了丰子恺的来信,相约星期日在功德林会面。

这天在功德林菜馆会面,汇集众人,丰子恺约了叶圣陶,夏丏尊约了在上海的一位日本友人,此外,参与会见、用餐的还有周予同、李石岑等,也都是夏、丰二位的朋友,共有十余人。他们心中有着共同的愿望,就是拜见弘一法师,这一次会面,在座众人都非常激动。唯有弘一法师,悠然地数着手里的念珠,神态安详,气度不凡。弘一法师的脸上始终挂着慈悲的笑容,听着夏丏尊为他一一介绍。

这应该算得上一场十分难得的会晤,这些人,大都是文化圈的人,夏丏尊和丰子恺又与弘一法师分别是旧识和师徒。原本每个人心中有很多话要讲,可是,实则同想象并不一样。众人始终没有太多开口,这一次会面几乎是在一种寂静和无言之中度过。他们在体味一种无言的享受。那是一个晴朗的午前。

晴秋的午前的时光在恬然的静默中经过,每一个人都觉得有一种难言的美。

弘一法师过午不食,所以午餐在11点钟便开始。众人见到弘一法师夹起素菜,欢喜满足地送入口中去咀嚼,一时也惭愧起他们自己平时的狼吞虎咽。弘一法师的从容,让众人称服,那样的冷静，是经历沧桑，多年修行的沉淀。

这其中有一位研究哲学的先生请大师谈一些人生的问题。可大师的回答是"惭愧"、"没有研究，不能说什么"。众人将弘一法师视如神一般，然而，弘一法师在心中只当自己是一个普通的人，他的心中只有佛法，俗世人生，他已经置之身外。所以，不懂，即是不懂。人生对错，赞毁，又与他何干？

《护生画集》编绘之初，遇到诸多问题，中间还有些事情耽搁，所以进度并不快，但总归是在循序渐进。

1928年，满山的花开得灿烂，《护生画集》的二十四幅画也圆满地完成了。当时，弘一法师正在温州大罗山诛茹坐宴。但是，他却始终关注着画集的进展，并且，他每收到丰子恺寄来的一幅画，就认真地为之配诗文，斟词酌句。

《农夫与乳母》一画，大师配诗曰："西方之学者，倡人道主义。不吠老牛肉，淡泊乐蔬食。卓哉此美风，可以昭百世。"

虽然，弘一法师和丰子恺在这段时间里并没有在一起，但是弘一法师与丰子恺书信频频，联系不断。其中书信的内容大多是护生画的沟通磨合。弘一法师对待任何事情，向来都是认真严格，这一次的《护生画集》更是严谨对待。

在画集之中，有一幅《今日与明朝》，此画原题为《悬梁》。弘一法师在配诗后就要求丰子恺重画。他在信中说："案此原画，

第6章
浮生若梦：相逢有宿缘

意味太简单，拟乞重画一幅。题名曰《今日与明朝》。将诗中双鸭泛清波，群鱼戏碧川之景补入。与系颈陈市康，相对照，共为一幅。则今日欢乐与明朝悲惨相对照，似较有意味。"

大师自己对配古诗亦相当慎重。《倘使羊识字》一画原拟配古诗。后终于觉得不贴切而改作白话诗。《喜庆的代价》一画，原配一诗，但他又以为"原配一诗，专指庆寿而言，此则指喜事而言。故拟与原诗并存。共二首。或者仅用此一首，而将旧选者删去。因旧选者其意虽佳，而诗笔殊拙笨也"。

弘一法师为推广《护生画集》，颇费心思。他始终坚信，所有的付出，一定会让更多人受益。只要这样做，读者一见到表纸，就可以知道这是新式的艺术品，不同于陈旧迂腐的劝善图画，可以引起普通人的兴味，在趣味地审阅之后，又给人潜移默化地向善的引导。

这年的9月12日他又给丰子恺写了信，详尽阐述了广大读者对象的意见：

……今此画集编辑之宗旨，前已与李居士陈说第一，专为新派知识阶级之（即高小毕业以上之程度）阅览至他种人，只能随分获其少兰。第二，专为不信佛法，不喜阅佛书之人阅览。（现在戒杀放生之书出版者甚多，彼有善根者，久已能阅其书，丙奉

193

行惟谨。不必需此画集也。)近来戒杀之书虽多,但适于以上二种人之阅览者,则殊为稀有。故画集,不得不编印行世。能使阅者爱慕其画法崭新,研玩不释手,自然能于戒杀放生之事,种植善根也。

弘一法师是有意用艺术手段来达到提倡戒杀护生的目的。他不仅在画、诗、编辑宗旨等方面一丝不苟,而且在具体的版式装帧方面亦考虑甚多。他竭尽全力地希望这本画集尽善尽美。

《护生画集》第一集共五十幅诗画,到1939年,当弘一法师六十高龄时,丰子恺已经画出了六十幅画。因为弘一法师健康状况不佳,并没有尽数为这些画作配诗。

弘一法师一直希望《护生画集》能够一直编下去,他设想过当自己七十岁的时候,第三集能有七十幅画;当自己八十岁的时候,第四集能够有八十幅画。然而,弘一法师并未看到后来的《护生画集》,但是丰子恺却坚持为弘一法师完成了愿望。他坚持画下去,在1973年的时候,丰子恺终于完成了第六集的一百幅画。这个画集成了师徒二人弘扬佛法的最有力见证,也承载了师徒二人浓浓的情谊。

《护生画集》在问世之后,在社会上引起了巨大反响。尤其是在佛教界,是广泛流传,诸如大法轮书局、大中书局、大雄书店、

第 6 章
浮生若梦：相逢有宿缘

佛学局等皆相继印行，一时其版本有十五种之多。而就印数而言，每版少则一千五百本，多则五千本，这些数字相加护生画流传之广可想而知。这样的发行量，在那时的出版界是很少有的了。中国保护动物会还发行了英译本，此外也有日译本面世。此画集的影响，诚如弘一法师所希望的那样："普愿众生，承斯功德。同发菩提，往生乐国。"

种下了善因，所得善果，送更多人，通往极乐。

1928年底，冬日渐寒，可弘一法师的心，始终是暖热的，尤其是《护生画集》能够顺利出版，一切尘埃落定，他这一桩心愿也算了了。弘一法师与丰子恺等最后商定好《护生画集》的出版事宜后，他的一颗心也就放了下来，便决定要到暹罗去。当天打理好行囊，第二日便动身。这途中必要行经厦门，船在厦门停靠。弘一法师受到了陈敬贤居士的热情接待。陈敬贤居士乃著名侨领陈嘉庚之弟。

1927年早春，大师在杭州常寂光寺的时候，陈敬贤曾前往拜望言谈之中尽是禅理。这次大师路经厦门，并在城中停留，陈敬贤居士即表示要介绍他到南普陀寺去。

对于南普陀寺，弘一法师早有听闻，便欣然前往。在那里，弘一法师见到了性愿法师和芝峰法师，两位都是佛法精深的高僧。

性愿法师是闽南佛教界的长老了，在佛学界很有威望。历任福建各名刹古寺住持。他人虽在闽南，但对于弘一法师他十分关注。芝峰法师是浙江温州人，早年出家先在宁波观宗寺亲近谛闲大师，继入武昌佛学院受教于太虚大师。弘一法师在温州时，芝峰法师也一度在那里，虽未见过面但彼此是很相契的。

弘一法师在方丈楼上住了几天，二位法师也经常和弘一法师谈话。同二位高僧的谈经论佛，对于弘一法师来说，是一件乐事。在探讨中，会迸射出火花，彼此增进佛法修为。

弘一法师本来是要到暹罗去，可是南普陀寺的几位法师都希望他在厦门留下弘法。几位法师都诚心挽留，他也便在寺中暂住了下来。并且，弘法一直是他秉行的作为。于是，在南普陀寺中，弘一法师每日诵经，广授佛法，在梵音与佛香之中，接受着佛法的再一次洗礼，让佛法的智慧涤荡更多迷惘的灵魂。

第6章
浮生若梦：相逢有宿缘

4 宣·正行弘法

【老少年】

> 梧桐树，西风黄叶飘，夕日疏林杪。花事匆匆，零落凭谁吊。朱颜镜里凋，白发悉边绕。一霎光阴底是催人老，有千金也难买韶华好。
>
> ——李叔同

夕阳送走了韶光，西风催老的枝叶，秋去了，春会回来。可人的生命只有一次，韶华过了，便不复重来。弘一法师，将生命最好的光阴，都用来弘扬佛法。那是他的信仰，亦成了他的人生。

1929年春节，春寒料峭之际，弘一法师应性愿老法师的安排到南安小雪峰度岁。小雪峰位于南安白马坂，是始建于南宋的古刹。深山古寺，又承袭着一种历史和文化，自然是另一种境界。这里也是禅宗一大传播之地。在这里，弘一法师安静地修行，在这欢喜的岁末年初，度过了一段难得宁暇的时光。

大概半月之后，弘一法师再次又回到了厦门。这次，他又到了闽南的佛学院。

闽南佛学院创办于1927年，由太虚大师任院长，教员多为太虚大师在武昌佛学院时的高足。眼下太虚大师正在国外弘法，委托芝峰法师负责佛学院的教务。芝峰法师对佛学院的课程很有一些担心，以为这里的功课门类分得很细，但时间分配却很少。如此下去，怕没有什么成绩。所以特请弘一法师来帮助。

在弘一法师眼中，则是有另一种看法，他看到院里的学僧虽然只有二十几位，但他们的态度却很文雅，而且很有礼貌，与教职员之间的感情也不错。这是一种非常好的状态，并且是在他处不多见的。关于学习时间的分配，弘一法师果断地认为把英文和算术等删去，并增加佛学的课量。这一方法果然奏效，在精简课程之后，学僧们有了更多的时间去学习和研究佛法，此后学僧的学习成绩提高很快。

这是弘一法师第一次到闽南。住了三个多月后，他回到了浙江。4月间弘一法师由苏慧纯居士陪同离开厦门。道经福州的时

第6章
浮生若梦：相逢有宿缘

候，他在鼓山涌泉寺的藏经楼里看到了许多古老而又精致的刻本，而且还有清初刊《华严经》及《华严经疏论纂要》等。在见到这些典籍之后，弘一法师心中欢喜，这样好的佛学经典，是应该要弘扬的，而并非深藏在经阁里，与尘灰为伴。那时候，他就埋下了重印《华严经疏论纂要》的心愿。

弘一法师在涌泉寺逗留后随后就去了温州。1929年9月，清爽的秋，弘一法师自温州来到"晚晴山房"小住。弘一法师对"晚晴山房"的印象很好，宜于修养。当时，夏丏尊在上海，由于身体欠佳，大师曾写信要求他暂时可不来白马湖。可是，夏丏尊还是来了。也许是夏丏尊自己有感于身体状况不好，意识到了健康的问题，所以，他便倒也担心起弘一法师来了。

一日，夏丏尊忧心忡忡地问大师："万一你有不讳，像临终呀、入殓呀、荼毗呀，有关这方面的规矩，我全是外行，这可怎么是好？"

弘一法师笑答："我已写好了一封遗书在这里，到必要的时候，我会交给你。如果你在别地，我也会嘱你家里发电报叫你回来。你看了遗书，一切照办就是了。"

多年的老友，情谊深厚，彼此可谓无话不谈。在二人经历过浮世风风雨雨后，更加豁然。对于生死，更是无所怖畏。

弘一法师，看淡生死，只当死亡是一件寻常事。这并不代表着他对生命的不在意，恰恰与之相反，他对一切生命都有一种慈悲的怜悯。

一天，绍兴的徐仲荪居士来拜访弘一法师。交谈中，徐居士倡议在白马湖放生。这样一个慈悲的提议，弘一法师自然是欣喜。弘一法师，对于自己身外的生命，总是怀有一种宏大的悲悯情怀。

弘一法师对放生一事的欣喜模样，使得夏丏尊不由自主地想起了当年在上海时的一件事。

弘一法师在上海，于坊间购请仿宋活字用以印经。但那些活字字体参差，行列不匀，因此发愿亲手写字模一套，然后制成大小活字，以印佛籍。

此后，大师依字典部首逐一书写，日作数十字。弘一法师做事向来认真，所以所刻的字，均要方正适中，偏正肥瘦大小稍不当意，即废之重写。弘一法师就这样坚持一个月的光景，却忽然终止了。这原因竟然是，他写到了"刀"部。

夏丏尊问他何故，弘一法师对他说："刀部之字，多有杀伤意，不忍卜笔。"在弘一法师看来，任何会引起杀生、伤生意念的物事都是残忍的，都是他心中痛惜的。慈悲已经入了他的心，在他的思想世界里，汇聚成了宏大的力量。感细微之情，悯苍生之痛。

这次放生，对于弘一法师来说，是一次欢欣的经历。且看他

第6章
浮生若梦：相逢有宿缘

事后写的《白马湖放生记》：

  白马湖在越东驿亭乡，旧名渔浦，放生之事，前未闻也。己巳秋晚，徐居士仲荪过谈，欲买鱼介放生（白）马湖，余为赞喜，并同刘居士质平助之。放生既讫，质平记其梗概，余书写二纸，一赠仲荪，一与贡平，以示来览焉。

  时分：十八年九月廿三日五更，自驿亭出行十数里到鱼市，东方未明。

  舍资者：徐仲荪；佐助者：刘质平；肩荷者：徐全茂。以上三人皆往。

  鱼市：在百官镇；品类：虾鱼等；值资：八元七毫八分。

  放生所：白马湖；盛鱼具：向百官面肆假用，肆主始不许，因告为放生故，彼乃欣然。

  放生同行者：释弘一、夏丏尊、徐仲荪、刘质平、徐全茂及夏家老仆丁锦标，同乘一舟，别一舟载鱼虾等。

  放生时：晨九时一刻。

  随喜者：放生之时，岸上簇立而观者甚众，皆大欢喜，叹未曾有。

  第二年年初，弘一法师到福建南安小雪峰过年，适逢太虚大师也到那里度岁，于是，应诸法师的请求，二位大师合作制《三宝歌》。这一首歌至今仍在佛教界传唱。二位大师的合作方式是由弘一法师作曲，太虚大师填词，二位大师，成就了永恒的经典：

人天长夜，宇宙淡暗，谁启以光明？三界火宅，众苦煎迫，谁济以安宁？大悲大智大雄力，南无佛陀耶！昭朗万有，衽席群生，功德莫能名。今乃知，唯此是，真正皈依处。尽形寿，献身命，信受勤奉行！

二谛总持，三学增上，恢恢法界身。净德既圆，染患斯寂，荡荡涅槃城！众缘性空唯识现，南无达摩耶！理无不彰，蔽无不解，焕乎其大明。今乃知，唯此是，真正皈依处。尽形寿，献身命，信受勤奉行！

依净律仪，成妙和合，灵山遗芳型。修行证果，弘法利世，焰续佛灯明，三乘圣贤何济济！南无僧伽耶！统理大众，一切无碍，住持正法城。今乃知，唯此是，真正皈依处。尽形寿，献身命，信受勤奉行！

生命颠簸流转，岁月让人沉淀，在历经尘世波折几十载后，弘一法师的身体状况每况愈下。弘一法师的身体病疾素来已久，他早在浙一师任教时就有了神经衰弱的症状。自出家为僧后，他

第6章
浮生若梦：相逢有宿缘

又经常受到一些俗世滋扰，因此，他一再迁徙。并且佛门中僧众修为水平不一，难免发生摩擦。再加上素来已久的神经衰弱的旧疾，浙江十余年的奔走，他始终都没有找到他渴望的净土。

辗转，辗转，1940年冬天，弘一法师六十一岁时，他的脚步继续前行。他从永春蓬山出来，到水云洞小住。水云洞在南安的一小山上。

当时正是抗战时期，许多僧人都在山上冬耕麦田，去体悟这种农禅生活。这也是弘一法师非常提倡的做法，僧人们可以自食其力，又可在耕种的辛劳中顿思禅理佛宗。这要比整日里呆板地念诵佛经更有意义。

在这山上有个小僧，曾在泉州开元慈儿院念书，听过弘一法师说法，对弘一法师非常崇拜，当听说了弘一法师要来山上小住的时候，他高兴极了。他欢欣雀跃，自愿做弘一法师的随侍。这样，他便有更多的机会与法师接触。

弘一法师是个极为认真的人，他持戒严谨，就连日常生活都是"戒律化"的，每日的时间都有一定的安排，从无一点差错。但是，当他的戒律不小心被破坏后，他却表现出宽宏和慈悲。

弘一法师喜欢读《老子》。"不言之教"，是老子一以贯之的管理思想。在短短几千言的《老子》中，类似的提法、论述贯穿始终。由此可见，"不言之教"在老子心目中的地位了。他认为，体"道"的圣人，以"自然无为"的态度去处事，以"不言之教"的方式去与人交往。

一天，小僧忘记为弘一法师冲开水，过了好一会儿他才忽然想起来，于是，匆匆忙忙地赶快跑去为弘一法师冲开水。当他将迟到的开水给老人端去时，弘一法师早已按时喝了冷水了。小僧人自觉惭愧，然而弘一法师却没有半点责怪的意思，脸上始终挂着微笑。

在这以后，小僧人做事情再也不敢不准时了，他深深地记住了弘一法师的教诲。不光如此，小僧人在弘一法师的身上还学到了对物的珍惜。

一次，弘一法师在寺后田陌上散步回来，非常高兴。他见到弘一法师如此欢悦，便问及缘由，才知道是从小水沟里捡起了几个小白萝卜，像捡到了珍贵的宝物，他高兴地对小僧人说："生萝卜吃下，是很补气的。"

小僧告诉他："田里还有很好的，我可以去拿几个来给您吃。"他坚持不要，说："小的也好，一样可以吃的。"说完，他就用水把它冲洗干净，津津有味地吃了起来。小僧人心中很惭愧，那小萝卜是他抛在水沟里的啊。小僧人心中又深受感动。弘一法师虽然没有训诫，但他记取了这种教诲，终生不敢再随便糟蹋食物了。

第7章 转世再见：零落凭谁吊

1 恨·护教经历

【悲秋】

> 西风乍起黄叶飘,日夕疏林杪。花事匆匆,梦影迢迢,零落凭谁吊。镜里朱颜,愁边白发,光阴催人老,纵有千金,纵有千金,千金难买年少。
>
> ——李叔同

春去秋来,光阴在一圈圈地轮回,然而,岁月催人老,韶光易逝不再来,纵使千金也难买。于是,便有了诸多生命短暂的悲叹。

古诗言:"百年三万六千日,蝴蝶梦中度一春。"《四十二章

第7章
转世再见:零落凭谁吊

经》中讲了这样一段故事:

> 佛祖问弟子:"人生究竟有多长?"
> "五十年?"
> "不对。"
> "四十年?"
> "不对。"
> "三十年?"
> "不对,不对!"
> "那人生究竟有多长?"
> "人生只在呼吸间。"

呼吸间,很短,只是个短促的刹那;同样也很长,长得贯穿了整个生命。万法变迁犹如朝露闪电。生命来到这世界上一遭,是命运的厚待,因此,每一寸生命的光阴里的浪费、懒惰、怨怼……都是对生命的亵渎。所以弘一法师严谨持戒,不差分毫,更是为了弘扬佛法,奔波劳苦。也因此没有愧对生命,了无憾事。

弘一法师开度世人,弘扬佛法,自己却落下了一身疾病。1932年,弘一法师决定长期留驻闽南,以减轻常年奔走带来的疾患。那里的气候四季如春,亦可以让他避免一些寒疾。

还有一个很重要的原因是，闽南的民风淳朴，那里的佛法刚刚兴起，并且呈现较好势头，因此，他想在那里弘扬佛法。他在闽南弘法，用的是一种边走边讲的形式，就如同闲云野鹤一般，自在轻盈。

弘一法师曾多次往来于浙江慈溪的金仙寺、五磊寺和伏龙寺之间。

1930年秋，弘一法师到金仙寺，他与亦幻法师的住所相邻。后来亦幻法师回忆说："我那时真有些孩子气，好偷偷地在他的门外听他用天津方言发出诵经的声音，字义分明，铿锵有韵节，能够摇撼我的性灵，觉得这样听比自己亲去念诵还有启示的力量。我每站上半天，无疲容。"可想而知，他对弘一法师的崇敬之情。亦幻法师是一个寺主，却偷偷地躲在一位客人的门外聆听其诵经的声音，他对他，犹如朝圣般的崇敬，这足以见得弘一法师的魅力了。

春节，弘一法师来到了泉州承天寺。承天寺始建于南唐时代，号称"闽南甲刹"。性愿法师正在承天寺创办月台佛学研究社。弘一法师鼎力相助。这个研究社里人才济济，因此发展很快。

弘一法师在承天寺里主要做了两件事，一是给学人上写字课，讲授写字的方法；二是整理古版佛经，而且还编成了目录。忙碌的生活，虽然使他身体上会有一些疲劳，但是，弘一法师却始终

第7章
转世再见:零落凭谁吊

积极参与,并认真地做好这两件事。

到了暮春时节,霏霏细雨浸润着整个泉州,给人以空明幽静之感。这时的弘一法师准备回浙江。临行前,他手书一书赠给闽南名宿会泉长老,联曰:"会心当处即是;泉水在山清凉。"

然而,会心当处,却终不是弘一法师的归处。生命尚又一息,他便要继续脚步。

辗转,弘一法师又到了白马湖畔的"晚晴山房"。在这里,他将要进行一些研究考证的工作。早年间,弘一法师曾有机缘得到了日本古版《行事钞记》,但在当时,弘一法师还没有主攻南山律宗,所以没有详细研究,但是,他却始终没有将此事忘记。

《行事钞记》是唐代道宣律师所撰《四分律删繁补阙行事钞记》的简称。与《四分律含注戒本疏》、《四分律删补随机羯磨疏》并为南山三大部,皆律学之要义,是一部十分有价值的佛学经典著作。后来弘一法师又得到一部天津新版,而他自己也已经研究南山律宗,于是,他在"晚晴山房"里对新版做起详细圈点,改正讹误的工作。他尊重佛典,所以是不会容许这样的著作有错误的。

得知弘一法师又来到了白马湖,多年好友夏丏尊便又匆匆赶来。正巧,此时经亨颐先生也在白马湖,他们三位老友又可以再度叙旧了。

农历五月十四日，这一天正好是夏丏尊四十五岁的生日。这天，夏丏尊约了经亨颐和弘一法师到自己家的平屋——亦称"小梅花屋"来聚会。他准备了简单的素菜，同时也为经亨颐备好了酒。如今三人，都已是经历过半世沧桑的人了。再聚首时，心中自然是无限感慨。当年，三位老友在浙江省立第一师范学校里时都是韶华正好之时，曾经海阔天空的梦想，曾经意气风发地拼搏，曾经的故事，历历在目，他们心中始终难以忘怀。

亨颐先生给夏丏尊带去了一幅画，以示对夏丏尊的生日祝贺，画上题曰："清风长寿，淡泊神仙。"

"淡泊"二字虽然说得容易，但是却很难做到。他不停地喝酒来消解这累世的愁。

人生沧桑易变，弘一法师不禁也感慨泪流。但是，转而，他稳了稳情绪，又去安慰两位老友。

他在经亨颐赠给夏丏尊的画上也题了画记，用的就是《仁王般若经》的两个偈子。前面有小序：

"庚午五月十四日，丏尊居世四十五生辰，约石禅及余至小梅花屋共饭蔬食，石禅以酒浇愁。酒既酣，为述昔年三人同居钱塘时，良辰美景，赏心悦事，今已不可复得。余乃潸然泪下，写《仁王般若经》苦空二偈贻之。"

偈曰：生老病死，轮转无际。事与愿违，忧悲为害。欲深祸

第7章
转世再见：零落凭谁吊

重，疮疣无外。三界皆空，国有何赖？有本自无，因缘成诸。盛者必衰，实者必虚。众生蠢蠢，都如幻居。声响俱空，国土亦如。

在这之后，弘一法师要到宁波白衣寺去。夏丏尊也要到宁波办事，此二人又相约在宁波见面。

时光倏然划过，转眼间，弘一法师已经行至宁波的白衣寺，而夏丏尊住雨江旅社。不过，在这旅社里，夏丏尊意外地遇见了当年在浙一师里的同事钱均夫。钱均夫是吴越钱肃王的后代，早年在日本留学，回国之后曾在教育部供职，后来又任教于浙一师。此时的钱均夫，已经皈依了谛闲法师，修行佛法，他的法名显念，人称显念居士。

多年不见，两位老友在此巧遇，这当然是一种人生难得的缘分。当夏丏尊在和钱均夫提及弘一法师正住在白衣寺的时候，钱均夫非常激动，第二天便迫不及待地同夏丏尊一起去了白衣寺。

一见面，弘一法师一眼就认出了钱均夫，并亲切地喊出了他的名字。可钱均夫见了弘一法师，却是一愣，十余载未见，岁月却将当年风度翩翩的李叔同雕琢成了一位高僧。弘一法师一身袈裟，光脚穿着草鞋，笔直地站在那里。

听说钱均夫皈依三宝，弘一法师非常高兴，并指出，这是明智之举。他又给了钱均夫一些指导："现在你来这里，正好赶上两件事：一是谛闲法师正在观宗寺讲经，你是谛老的弟子，应该抽时间去听听；二是应该到天宁寺参谒由滇省来游的虚云老法师。虚云老法师入定可以到二十一天之久，这是目前海内所不易遇见到的。"

对于弘一法师给出的建议，钱均夫都一一照办了。同时，他考虑到白衣寺主安心头陀以及虚云、弘一两位法师，同时在宁波的机会难得，于是便趁此良机在寺中设斋供养，可以向几位法师请教佛法。虚云大师来寺中指导，并安排了钱均夫和弘一法师合影纪念。参加合影的人除二位大师外，尚有文质、安心头陀、黄寄慈等。照片上的题记曰："宁波白衣寺欢迎虚云老和尚暨弘一法师摄影，以志纪念，时在庚午仲夏。"

这一张照片，成了历史珍贵的回忆。

弘一法师在宁波暂住了几天之后，又同夏丏尊一起回到了白马湖。这时他在俗时的学生刘质平再次来到"晚晴山房"。师徒二人又叙念。

一天晚饭后，夏丏尊和刘质平都叹息当今作歌者难得，俗曲盛行。"大师出家太早了，要是再晚几年，还可以多作一些学堂乐歌。"然而，令刘质平出乎意料的是，弘一法师却说："为了下一代着想，我愿再作！"

夏丏尊和刘质平听后都欣喜万分，情不自禁地就请求他尽早作起来。于是，弘一法师便在心中开始酝酿后来的"清凉歌"。

第7章
转世再见:零落凭谁吊

弘一法师在作"清凉歌"的时候,身体状况很差。他对蔡冠洛居士说过:"一子今春病症,热如火焚,虔诵《行愿品渴赞》,略无间断,遂觉清凉。一心生西,境界廓然,正不知有山河大地,有物我也。"

但是大师即是在这种境况下完成了"清凉歌",写成之后,感到歌词文义略嫌深奥,非常人所能解,遂又请芝峰法师代撰歌词的注释。

时隔一年,弘一法师在浙江慈溪白湖金仙寺写成了"清凉歌"五首,这便是:

《清凉》:

清凉月,月到天心,光明殊皎洁。今唱清凉歌,心地光明一笑呵。清凉风,凉风解愠,暑气已无踪。今唱清凉歌,热恼消除万物和。清凉水,清水一渠,涤荡诸污秽。今唱清凉歌,身心无垢乐如何?清凉,清凉,无上究竟真常。

《山色》:

近观山色苍然青,其色如蓝。远观山色郁然翠,如蓝成靛。山色非变,山色如故,目力有长短。自近渐远,易青为翠;自远渐近，易翠为青。时常更换，是由缘会。幻相现前，非唯翠幻，而青亦幻。是幻，是幻，万法皆然。

《花香》：

庭中百合花开。昼有香，香淡如；入夜来，香乃烈。鼻观是一，何以昼夜浓淡有殊别？白昼众喧动，纷纷俗务萦。目视色，耳听声，鼻观之力，分于耳目丧其灵。心清闻妙香，用志不分，乃凝于神，古训好参详。

《世梦》：

却来观世间，犹如梦中事。人生自少而壮，自壮而老，自老而死。俄入胞胎，俄出胞胎，又入又出无穷已。出不知来，死不知去，蒙蒙然，冥冥然，千生万劫不自知，非真梦欤？枕上片时春梦中，行尽江南数千里。今贪名利，梯山航海，岂必枕上尔！庄生梦蝴蝶，孔子梦周公，梦时固是梦，醒时何非梦？广大劫来，一时一刻皆梦中。破尽无明，大觉能仁，如是乃为梦醒汉，如是乃名无上尊。

第7章
转世再见：零落凭谁吊

《观心》：

世间学问义理浅，头绪多，似易而反难。出世学问义理深，线索一，虽难而似易。线索为何？现前一念心性应寻觅。试观心性，在内欤？在外欤？在中间欤？过去欤？现在欤？或未来欤？长短、方圆欤？赤白、青黄欤？觅心了不可得，便悟自性真常。是应直下信入，未可错下承当。试观心性，内外、中间、过去、现在、未来、长短、方圆、赤白、青黄。

弘一法师词作一出，众人皆为叹服。于是众人便积极地准备后续工作，期待这一作品能够早日面世。刘质平等人为歌曲推敲、试奏。弘一法师也非常关心曲谱的动态，经常写信询问。这一来二去，歌曲就渐渐丰满起来。那美丽的音韵与歌词，如清澈的水流一般，潺潺流淌。

在后来，此曲又在出版上遇到了资金问题，众人都十分苦恼，一部心血之作眼看着就要面世，又遇到了如此阻碍。众人苦恼惆怅之际，弘一法师又写信提示："开明、世界（现蔡丐因任编辑事）乃佛学书局，皆可印行，不需助印费。仁者仅任编订校对之事，即可成就也。"

经过几番周折，《清凉歌集》终于在1936年10月首印出版。

《清凉歌集》,全书分为三部分,歌谱,歌词,还有歌词大意。封面上"清凉歌集"四个字,是用小篆写成的。

翻开封面,首页上夏丏尊在《清凉歌集》的序言中也有介绍:"作曲者五人:质平为和尚之弟子,学咏、希一、伯英,为质平之弟子,绂棠为质平之再传弟子,皆音乐教育界之铮铮者。歌曲仅五首,乃经音乐界师弟累叶之合作,费七年光阴之试练,亦中国音乐史上之佳话矣。歌名'清凉',和尚之所命也。"

歌词部分的字迹,结构清疏,线条纯净,有一种远离尘世缥缈的味道,那正是弘一法师的真迹。很多人都称弘一法师的字是"佛字",给人以沉静、辽远的感受。此后,1943年大雄书局出版过"清凉歌",影响深远。弘一法师用他的宏大佛心给世人留下了满心清凉与舒畅。

第 7 章
转世再见:零落凭谁吊

2 瞥·南闽梦影

【遇风愁不能寐】

世界鱼龙混,天心何不平?

岂因时事感,偏作怒号声。

烛尽难寻梦,春寒况五更。

马嘶残月坠,笳鼓万军营。

——李叔同

烛火尽了,梦已难寻,纵然青春逝了,但幸好岁月还在。不管是怎样的生命状态,总是值得去珍惜。这一年,过了春节,弘一法师已经五十四岁了,他意识到这正是他弘法的大好时光。

1934年2月，应南菩陀住持常惺、退居会泉二法师之请，弘一法师来到厦门整顿闽南佛学院教育。经过一段时间的悉心观察，弘一法师发现，此时闽南佛学院的问题非常棘手。这里学僧不听约束已成风气，整顿起来不易入手。

百般思虑之后，弘一法师主张另办学院，并且，在心里已经开始筹划。弘一法师以为，佛学院的教育宗旨应该是深信佛菩萨灵感之事，深信善恶报应不爽，并认为学校的名称"佛教养正院"是取《易经》"蒙以养正"之义。

在教学方面，除训话、读书、讲书、国语、习字之外，还要加一个习劳。教员要每日训话两小时，僧中威仪，行坐进退，言语饮食礼拜等，都要随宜授之，以助学僧严谨持戒。对于佛教养正院的开办，弘一法师已经盘算好了，只等机缘。

次年夏天，弘一法师又开始编撰见月法师的年谱、眉注《一梦漫言》等。《一梦漫言》是明代宝华山见月法师自述行脚的书。反复研读之后，弘一法师非常喜欢，并深受感动。为了便于之后的读者阅读，所以弘一法师将此著作予以眉注，并考其图，另寻行脚图表一纸。弘法是事业，是弘一法师一直坚持的，弘一法师乐此不疲地投身于弘法的事业中。"余将尽其绵力，誓舍身命而启导之"。

1934年冬，弘一法师在万寿岩开讲《阿弥陀经》。《阿弥陀

第7章
转世再见:零落凭谁吊

经》是《佛说阿弥陀经》的简称,姚秦三藏法师鸠摩罗什译,是净土三部经之一,各家注述颇多,计隋代有《阿弥陀经义记》,唐代有《阿弥陀经义述》,宋代有《阿弥陀经义疏持闻记》,明代则有《阿弥陀经要解》。这次弘一法师在宣讲时,又编了《佛说阿弥陀经义疏撷录》。

1935年,弘一法师决定要到惠安去弘法。然而此时弘一法师的身体状况极差,到惠安去又要渡海,这样舟车劳顿,恐怕弘一法师身体会吃不消。许多的法侣都劝说弘一法师为自己的身体考虑,劝他不要去。

弘一法师只是笑笑,但他没有改变行程,他的主意已定,便不会再动摇,此缘分不了,他心中便不会安宁。并且,弘法是他此生的宏愿,他愿为其舍弃生命。所以,身体的劳苦又算得了什么。

面对众人的关心,他唯以频频致谢,遂率传贯、广洽二人于21日傍晚在泉州南门外乘帆船出海,继续弘法之路。这一夜,海风呼啸,海浪滔滔,弘一法师始终难以入眠,遂通宵达旦,念诵佛号,在摇晃的船舱里,平稳心绪。天气持续恶劣,他们第二日抵达崇武时,风雨依旧。

于是,三人又换上小舟,逆风顶浪,冒着阴雨,于午前到达了净峰寺。净峰寺位于净峰山上。此处也正是传说中李铁拐的成仙之处。沾了仙人的传说,这山看起来更显得灵秀。

传说李铁拐是惠安人，某年冬日，他替母亲烧饭，柴烧完了，一时着急，举足入灶。恰好被云游至此的吕洞宾发现。吕洞宾知道此人此举是性情之体现，遂度他仙去。

弘一法师一到这里，就被此地的景致给迷住了，走过风雨阴霾，又见到这绝美的风景，着实令人欣喜。弘一法师遂生出一种终了于此的愿望。他后来给友人写信："今岁来净峰，见其峰苍古，颇适幽居，遂于四月二日入山，将终老于是矣。"然而，弘一法师一直为弘法而奔忙，断然不会就此幽居终老。但是顶着风浪和阴雨来到了净峰便知足了，纵使不能终老此处，今生也无遗憾。

在惠安弘一法师不知疲倦地弘法，直到病倒，他才停歇。

净峰山下有一所钱山小学，校长庄连福是一位基督徒。他十分仰慕弘一法师，听说山上有大师的讲演，就跟传道士陈连枝一起上山，想一睹弘一法师的风采。他俩到了山上，未及进山门，正碰上传贯法师。

庄连福便问是否可以一见弘一法师，传贯法师见这二人打扮有些疑惑。二人坦诚相告是基督徒。

庄连福赶紧解释："我们之间是异教的关系，这一点不假。但我们基督教的自由、平等、博爱，甚至舍身流身的教义，跟佛教以大慈大悲、救苦救难的宗旨其实是一样的呀！"

固执的传贯法师，之前并没有听过这样的理论，于是阻止了

第7章
转世再见:零落凭谁吊

二人去见弘一法师。二位基督徒无奈下山。

当晚,传贯向弘一法师讲述了白天所作的"大义凛然"之举,本以为会得到弘一法师的赞誉,但是,弘一法师在听过事情之后,又急又气,将传贯严厉批评,并责令他第二天下山向庄连福校长赔罪。

隔日,传贯来到了小学校。庄连福正在给学生们上课。忽然,他发现教室门口跪着一个和尚,这让他十分惊讶,于是急忙上前将其扶起,仔细一看,便认出这就是昨天遇上的那个和尚。传贯说明,自己是应弘一法师训责,为昨日的冒昧来赔罪。庄连福又一把将传贯扶起,并暂时下了课,表示带传贯到宿舍里去喝茶。可是,传贯表示不敢受茶。他说:"万万不可受你们的招待,我只是前来谢罪,此外,大师要我把这个转给您。"传贯又取出弘一法师手书的单条四幅及一本《华严经》送给庄校长。

弘一法师宽广的胸怀感动了庄校长。此后,庄校长和传贯法师有了来往,当他知弘一法师规定每日下午一时半准时向信徒讲经,便又约了六个教友上山听讲。

一时半快要到了,只见传贯法师用一根小巧的木棍在门框沿轻轻地敲了三下,弘一法师随即就从卧室开门而出。庄校长发现,弘一法师身材清瘦,穿着简朴整洁。他的鞋子上打了很多补丁,却洗得很干净。

弘一法师始终给人以宁静超远的感觉。弘一法师讲经前，缓缓而沉着地走到佛像前，怀着十分虔诚的心情点上三炷香，并且整整齐齐地插在香炉里。然后他转过身来，对满堂听众微微一笑。他接着坐在一块方形的禅倚上，面向听众，神情肃穆又和蔼。一开讲，大师目不转睛，聚精会神。

弘一法师讲经时吐字清晰，论点鲜明，论证有序，说服力和感召力都极强。全场总是鸦雀无声，任何人都不忍心打破这庄严的宁静。

弘一法师讲了四十五分钟后，就略作休息。休息完后又回来端坐在禅椅上。这时，听众开始提问："请问大师三餐饭吃什么？"

"吃稀饭，炒盐佐膳，亦可谓山珍海味俱备了！"弘一法师简明作答。

"请问大师，礼佛时应该备些什么？"

"善信者进寺礼佛时，清花果烛，就算有礼了，不必其他；不必放鞭炮、烧金箔；更不必演戏、喧喧扰扰，这才是释教徒的真正心境。"

这殷殷的教诲让庄连福等基督徒十分受教，对弘一法师的敬仰之情也更加深厚。此后，听弘一法师讲经的人中，便多了这支基督教的新队伍，弘一法师每一次讲经，他们都会赶来，每次都又增加了许多基督徒。

第7章
转世再见：零落凭谁吊

佛门的高僧，吸引了基督教众，足以看出弘一法师的魅力及威望，有一种"平等观诸法，慈光照十方"的磅礴气象。

随同弘一法师一起到惠安来的还有广洽法师。广洽法师乳名老禅，父亲是清朝贡生，早在广洽五岁那年就离开了人间。广洽在1921年10月正式在南普陀寺拜瑞等和尚为师，出家为僧人。1929年与第二次到闽南的弘一法师相识，从此结下了缘分。

在1931年9月，广洽写信给弘一法师，邀其赴闽。弘一法师在1932年11月开始在闽南定居后，便与广洽法师间建立起了十分融洽的关系，心中有了感触便会写字送给广洽，并为他取了一个号"普润"。

弘一法师的厚爱，自然使广洽心中充满了温暖，广洽从心里非常感激。后来广洽成为了弘一法师的十一位学法弟子之一。师徒情深，始终相依为伴。

岁月是一个神奇的东西，它让弱小的孩童长成壮年，它又将一个健壮的身体催得衰残。每当弘一法师感受到自己生命衰危之时，也总是想到交代后事。生命的每一天里，他都是认真的，对待死亡，亦是如此。

净峰是个山幽水美的佳处，弘一法师想在净峰长住，但是，各处的邀请使他又不得不离开。他的生命一息尚存，他的弘法之路便要继续下去。

3 想·最后思虑

【赠津中同人】

> 千秋功罪公评在,我本红羊劫外身。
>
> 自分聪明原有限,羞将事后论旁人。
>
> ——李叔同

每一棵草木,终将走向荒芜;每一段人生,都将走向末路。生命,只有经历了生死才算完整。那么,最后的路途,你将会迈出怎样的脚步?

弘一法师,始终行走在弘法的路上,走向佛的归途。

他来到应泉州承天寺传戒法会礼请。在此之后,他又移居温陵养老院。在那里,广洽法师割指沥血,大师用其血书《戒经》,又用余血补书诗偈。到了 11 月 19 日,弘一法师又赴惠安科山寺

第7章
转世再见：零落凭谁吊

讲演，期间，法师的病情已经十分严重，至十二月初三日返回泉州后，终于卧病草庵。

病痛一次次地侵袭，他却一次次地顺从，任由病痛的摆布。他的心，始终端坐着一尊佛，任何病痛，都无法入侵。

广洽法师在大师卧病期间总是前往问候，并多次陪他到厦门就医。病重之时，广洽法师时来问候，弟子的关心，弘一法师自然是感激在心，但是弘一法师对广洽法师说："你不要问我病好了没有，你要问我有没有念佛。这是南山法师的警策，以后当拒绝一切，闭户编述南山法书，以至成功。"

弘一法师病情严重，草庵寺中为此支付了不少费用。他自出家以来，坚持不受供养，只有他的老友夏丏尊是例外。他给夏丏尊写了信："一个月前，因往乡间讲经，居于黑暗室中，感受污浊的空气，遂发大热，神智昏迷，复起皮肤外症。此次大病，为生平所未经过，虽极痛苦，幸以佛法自慰，精神上尚能安顿。其中有数日病势凶险，已濒于危，有诸善友为之诵经忏悔，乃转危为安，近十日来，饮食如常，热已退尽，惟外症不能愈……此次大病，居乡寺内，承寺中种种优待，一切费用皆寺中出，其数甚巨，又能热心看病，诚可感也。乞另汇下四十圆，以二十圆赠寺中（以他种名义），其余二十圆自用，屡荷厚施，感谢无尽。以后通信，乞寄'厦门南普陀寺养正院广洽法师转'，我约于病愈春暖后，移居厦门……"

病中的弘一法师又为自己留了遗嘱。他把遗嘱交给了传贯。遗嘱写道："命终前请在布帐外助念佛号，但亦不必常常念。命终后勿动身体，锁门历八小时。八小时后，万不可擦身体洗面。即以随身所着乙衣，外裹破夹被，卷好，往楼后之山凹中。历三日有虎食则善，否则三日后，即就地焚化。焚化后再通知他位，万不可早通知。余之命终前后，诸事极为简单，必须依行，否则是逆子也，演音启。"

然而，弘一法师承蒙佛祖庇佑，身体还是逐渐康复了。

1935年春，他先后在开元寺、净峰寺、科峰寺、承天寺等地宣讲。他就这样马不停蹄地宣讲，用佛法沐浴更多苦难的人们。他曾在离开净峰寺的时候写下这样一首诗：

我到为植种，我行花未开。

岂无佳色在，留待后人来。

他就这样行行止止，竭尽全力弘扬佛法，他所到之处，都如春风般拂过，在人们心中散下了慈悲的、佛的种子。

在这样的过程中，他写下了大量的佛学著述，如《人生之最后》、《行事钞记》、《净宗问辨》、《悲智颂》……每一部作品，

第7章
转世再见：零落凭谁吊

都是他人生的凝华和灵魂的感悟。他的每一个脚步，每一分顿悟，都将无限地靠近佛陀。

弘一法师不仅仅是在佛界非常有威望，并且，尘世中人也深深爱戴弘一法师。

著名的文学家郁达夫也对弘一法师敬仰已久，阴差阳错，使得郁达夫一直以来都未能见大师一面。这一次，郁达夫刚刚从台湾到厦门，就在12月30日下午由《星光日报》记者赵家欣陪同游览南普陀寺。

宁静的古刹，幽静的山林，郁达夫深深地沉浸在禅境之中。于是，他提出了要拜见弘一法师的想法。刚好记者赵家欣认识广洽法师，这就请广洽法师向弘一法师通报。终于赵家欣和广洽法师、郁达夫，三人一同渡海到鼓浪屿日光岩访问弘一法师。

这一日，郁达夫终于见到了弘一法师。郁达夫成名于文坛，但是弘一法师对于他的了解并不多，因为当他蜚声文坛之时，弘一法师已经遁入空门，放下了红尘事，全身心的精力都投入到了修法弘法之中。弘一法师同郁达夫进行了一番交谈，在临别时弘一法师取出《佛法导论》、《寒茄集》、《印光大师文钞》等佛书送给郁达夫。不久，郁达夫就有了一首抒怀诗：

不似西泠遇骆丞，

南来有意访高僧。
远公说法无多语,
六祖传真只一灯。
学士清贫弹另调,
道宗宏议薄飞升。
中年亦具逃禅意,
两道何周割未能。

此后,郁达夫跟弘一法师的交往渐渐多了起来,也就有了不少渊源。郁达夫委托弘一法师代订《佛教公论》等。1937年1月18日,高胜进居士编《弘一法师特刊》刊于《星光日报》,题字者也是郁达夫。

1937年,这是弘一法师自初到闽南算起在这里居住的第十个年头。人生短暂,弘一法师不知道自己能否到达下一个十年,然而,对于过去这十年闽南生活,他非常满足,因为这十年间,他为了弘法,付出了许多,当然也得到了很好的收效。

为了对这十年作一个回顾小结,大师遂利用3月28日在南普陀寺讲演之机作了一篇《南闽十年之梦影》。这一次演讲,由高胜进居士记录。这篇演讲极为精彩,可以说是弘一法师这十年人生精华的提炼,其中诸多精彩片段,引人入胜,精彩绝伦。

第7章
转世再见:零落凭谁吊

5月14日,弘一法师带着弟子传贯、开仁、圆拙等乘太原轮出发了,又开始走向了新的路途。弘一法师只带了些简单的行李,还有几本厚厚的经书。

旅途奔波,自然是难免的,弘一法师乘太原轮到上海后,要换船再至青岛。在上海停留的时候,他的朋友叶恭绰先生和范成法师在法宝馆请大师午餐。当时叶恭绰怕大师在青岛人地生疏,就向大师了解去青岛的船只和时间,以便致电湛山寺前来迎接。但是,当弘一法师知道后,便改乘其他船,来躲避这种不必要的喧哗。

越高的威望,也给弘一法师带来了烦恼。他希望世人信佛,而不是信他。当弘一法师一行到达青岛的时候,湛山寺还是知道了他的行踪。湛山寺住持谈虚法师带着道俗二众,预先赶到码头迎接。而寺中剩下的全体僧众,全部披衣持具肃立恭候着。

当众人期待已久的弘一法师出现时,大家的目光一齐射在了他的身上。弘一法师穿着一身半旧的夏布衣褂,外罩夏布海青,脚却是光着的,鞋是草制的,他的面容苍白而清瘦,却始终是一副清秀的神情和慈悲的姿态。

当弘一法师步入客堂时,全体僧众和闻讯赶来一睹大师风采的男女居士便蜂拥般地集中在客堂的阶下,向弘一法师行欢迎之礼。弘一法师对僧众始终是亲和慈悲。

弘一法师在湛山寺期间,正巧朱子桥将军因公务来到青岛。

将军一直信奉佛法，多年来仰慕弘一法师，却没有机会相见。当他听说了弘一法师正在湛山寺弘法之后，便想要去拜访。对于乐善好施的朱将军，弘一法师也早有耳闻，因为朱将军一直敬重三宝，又为佛法作出了不少贡献，并且，他在多年前资助弘一法师在五磊寺办律学院。弘一法师欣然接见了朱将军。

当青岛市长沈鸿烈准备在湛山寺请朱将军吃饭时，朱将军说："可以请弘老一块来。不过应该让他坐首席，我作陪客。"

然而弘一法师这一次并没有赴约，只是让监院师带去纸条："昨日曾将今日期，出门倚杖又思维。为僧只合居山谷，国土筵中甚不宜。"大师虽然未来，但这纸条上的偈句，已让将军、市长钦佩不已。

弘一法师不赴"国士筵"，而对谈虚法师对他的厚待也坚持不受。他一向持戒严谨，将自己与僧众一视。所以，第一天，谈虚法师让寺里替大师准备了四个菜送到寮房里去。弘一法师没有动；第二天菜的数量少了一点，弘一法师还是没有动。到了第三天，只备了两样菜，弘一法师依旧不食。最后只好盛去一碗大众菜，弘一法师问："这菜是不是跟别人的一样？"直到寺里替他端来跟别人一样的菜，他才津津有味地吃了起来。

弘一法师在青岛湛山寺住了几个月，季节很快就由春末而到了初秋。这里的季节分明，美丽的秋阳高照，天空湛蓝，和无比阔大

第7章
转世再见,零落凭谁吊

的大海相互掩映。然而,再美丽的风景,也留不住弘一法师,他是一个行僧,他的心中不仅仅有一处风景,而是装满了天地万物。

寺里的僧众都希望弘一法师能够在这里待久一点,甚至,最好弘一法师能永远留在这里。僧众盛情难却,弘一法师便应允不会立即离开,并将行期定在中秋节过后。他给泉州的性常法师也写了信:"……中秋节后,如有轮船开行,即在上海小住,再返厦门。"

可就在弘一法师逗留之际,发生了大事。两名日军官兵乘着军用车向上海虹桥机场猛冲,被中国守军击毙。一个星期后,即8月13日,日军以此事为借口,向上海发动大规模军事进攻,这也是继卢沟桥事变后日本侵华战争的又一次升级。至此,中国也就进入了全面的抗日战争。

战事迫在眉睫,政治局势极为紧迫。许多友人都纷纷写信劝弘一法师早日离开青岛,然而,面对国乱象,弘一法师却镇定自若,他给友人回信:"……朽人前已决定中秋节乃他往,今若困难离去,将受极大讥嫌。故虽青岛有大战争,亦不愿退避也。"他一如既往在青岛弘法,紧迫的局势丝毫没有扰乱他的心境,直到了10月份,他才决定离去。就在大师临行前的几天,湛山寺众僧又请他作最后的开示。弘一法师深情地对大家说:

"这次我去了,恐怕再也不能来了。现在我给诸位说几句最恳切、最能了生死的话……"

弘一法师沉默了片刻,忽然大声说道:"就是一句——南——无——阿——弥——陀——佛!"

这几个月里,他与这寺中的僧众结下了深厚的友谊,彼此之间的感情相当融洽。但是,此时他却不得不走了,他不愿意大家为他操劳,也要继续到他处去弘法。临行之前,弘一法师从口袋里掏出一张纸条,郑重地交给谈虚法师。谈虚法师展开来一看,上面写着五个条件:

第一,不许预备盘川钱;

第二,不许备斋饯行;

第三,不许派人去送;

第四,不许规定或询问何时再来;

第五,不许走后彼此再通信。

经过了一段时间相处,谈虚法师对弘一法师的为人已有许多的了解,对于弘一法师提出的要求,前四条他都并未感到惊讶,只是他并不理解第五条究竟为何。但是他相信弘一法师的要求自然是有其道理的,也就全部依从。

对于弘一法师,来去,皆是缘。他跟着缘分来了,缘尽了,也便要走了。这一切都是自然而然的事情,就如同花落花开。过多的执念和情感,只是徒劳的挂碍。

第7章
转世再见:零落凭谁吊

4 梦·晚晴老人

【忆儿时】

春去秋来,岁月如流,游子伤漂泊,回忆儿时,家居嬉戏,光景宛如昨。茅屋三椽,老梅一树,树底迷藏捉。高枝啼鸟,小川游鱼,曾把闲情托。儿时欢乐,斯乐不可作。

——李叔同

烽烟滚滚,迷了人们恐惧的眼,世间苦难,在战争中一一上演。从此,岁月里,所有美丽风光,都被硝烟遮盖,所有美好的声音,都淹没在嘶喊和悲声里……

此时的上海已处于了大战之中，战火硝烟弥漫在上海的天空中，这个原本风情万种的城市在战火中叹息。在上海，唯有租界尚能暂时避难。弘一法师此前已给在上海的夏丏尊写了信，表示要在上海停留："拟暂寓泰安栈。（新北门外马路旁，面南，其地属法租界之边也。某银楼对门，与新北门旧址斜对门，在其西也。）即以电话通知仁者，当获晤谈也。"

半生的好友，情分已经深深根植在心里。夏丏尊接到信后，十分担心，上海正值战火危难之际，而青岛相对平静，于是写信劝说弘一法师暂留青岛。然而，弘一法师依旧是没有改变自己的计划，还是毅然地离开了青岛。

畏惧，是因为恐惧死亡，弘一法师心中澄净，生死皆是缘分，所以面对战争，他便无所怖畏。

上海相见时两位旧友并未多言，岁月催人老，几年的光景，彼此都成了老人。弘一法师见夏丏尊的脸上有愁苦的神情，就笑着对他说："世间一切，本来都是假的，不可认真。前回我不是替你写过一幅金刚经的四偈了吗？'一切有为法，如梦幻泡影，如露亦如电，应作如是观。'你现在正可觉悟这真理了。"

世间诸事，弘一法师已经看淡了，一切如梦幻，也就不必过多执念。

依照计划，弘一法师将在上海停留三天，然后再回到厦门。

第7章
转世再见:零落凭谁吊

在第三天弘一法师即将离开时,夏丏尊又到弘一法师所住的旅馆看望。

此时,日本人的飞机就在外滩附近狂轰滥炸。而弘一法师的住处就在此。在这里住的人,一直都是神经紧绷,时刻都是受到弹火的惊扰,眼神中都烙刻着深深的恐慌。然而,当夏丏尊见到弘一法师之时,便惊住了。弘一法师端坐着,捻着佛珠,嘴唇微动,念诵着佛经,宛如一尊佛,在这战火硝烟之中,散着纯净慈悲的佛光。夏丏尊看得出神,深受震撼。

这天中午,夏丏尊与几位朋友请弘一法师到觉林蔬食馆午餐,然后又要弘一法师到附近的照相馆去拍了一张照片。

第二年春天,夏丏尊把这照片寄给丰子恺一张,附信则言:"弘一师过沪时,曾留一影,检寄一张,藉资供养(师最近通讯处:泉州承天寺)斯影摄于大场陷落前后,当时上海四效空爆最哑,师面上犹留笑影,然须发已较前白矣。"

弘一法师回到厦门住在万石岩。然而,厦门的形势也不乐观,战事一触即发,许多友人都十分担心弘一法师的安危,劝法师保自身安危。众人的关心和好意,弘一法师感怀于心,但却坚定并不会为战事而逃离。

弘一法师开始了弘法之路,这一次,弘一法师到泉州弘法,与以往有所不同,广结法缘,就算是孩子,他也要开导。在开元寺里，弘一法师住在寺的后院，这里有晚二堂课诵，他经常会早晚听到慈儿院的学生念佛念经得法，那整齐的诵经声，让他感到一种纯净和浓浓的暖意。这次他再次来到开元寺，专门为慈儿院讲了《释迦牟尼佛为法舍身》的故事，学生们很喜欢听。

1938年5月中旬，厦门沦陷，整座城都陷入一种颓败和冗长的悲伤中。那时，弘一法师正在漳州弘法。

7月，草长莺飞，万物兴荣，而弘一法师却越发衰微，逐渐走向了生命的迟暮。丰子恺写了一封信给弘一法师，希望他能够来内地与自己一同生活，并供养大师的余生。信中言辞诚恳，弘一法师收到此信后，心中十分感动，但是他仍旧决定留在闽南，便给丰子恺回了信："朽人年来，已老态日增，不久即往生极乐。故于今春在泉州及惠安尽力弘法，近在漳州亦尔。犹如夕阳，殷红绚彩，瞬即西沉。吾生亦尔，世寿将尽，聊作最后纪念耳……缘是不克他往，仅谢厚谊。"

弘一法师给其他友人的回信也一样，类似"近在泉州讲经，法缘甚盛"、"于厦门变乱前四天，已至漳州弘法"、"朽人近来漳州，弘扬佛法，十分顺利"等言语出现得十分频繁，多少表明了他对弘法的信心和决心。

弘一法师的宗教观非常明确，他虽是出世的僧人，却感念着俗世红尘，他用出世的慈悲和觉悟，在做着俗世的事业。

第7章
转世再见：零落凭谁吊

佛不是孤远的幻影和清寂的梵音，佛是宏大而广博的仁爱。

为拯救中国衰微的佛教，弘一法师竭力提倡整治戒律，拂去佛教所蒙的尘埃，让佛光重新普照。他更是以自己"一钵千家饭，孤身万里游"的苦行经历，开导众生。

这一年，弘一法师六十岁了。六十而耳顺，他将人生都看尽了，身体也在岁月中苍老了，再遇到艰苦的环境，已经是大不如从前了。他的体质极速衰弱，许多人都为此感到吃惊。

1939年的农历二月初五日，是他亡母谢世的三十四周年，弘一法师在一册《前尘影事》上作了这样的题记："二月五日为亡母谢世三十四周年，敬书金刚经偈颂'一切有为法，如梦幻泡影，如露亦如电，应作如是观'，回向菩提，时年六十岁。"

想起母亲，就不免想起自己的童年时代，又想起了曾经那首婉转的诗《忆儿时》："春去秋来，岁月如流，游子伤漂泊。回忆儿时，家居嬉戏，光景宛如昨。茅屋三椽，老梅一树，树底迷藏捉。高枝啼鸟，小川游鱼，曾把闲情托。儿时欢乐，斯乐不可作。"在生命尾声之际，他深深地陷入了生命之初的回忆。他经常梦见这种童年时的情景。那些欢乐，那些苦难，那些惆怅……都格外清晰。梦境过处，即是一生。弘一法师有一个别署，叫"善梦"，这段时间也经常用到。

虽然身体日渐衰弱，这病弱的皮囊并没有阻碍弘一法师云游。

弘一法师六十岁后，仍像孤云野鹤一般地奔走于各方。他先后去过清源山、永春、普济山、南安、晋江、灵瑞山等地。这位誓舍身命、勇猛精进的高僧，依然为了救护国家，抱着"救国必须念佛"的信念。对于祖国，这位晚晴老人的心，始终是热忱的。

第7章
转世再见:零落凭谁吊

5 笑·人生如戏

【废墟】

> 看一片平芜,家家衰草迷残砾。玉砌雕栏溯往昔,影事难寻觅。千古繁华,歌休舞歇,剩有寒螀泣。
>
> ——李叔同

都说人生如戏,戏又如人生。舞榭歌台,转换着一场又一场的人生剧目,辗转飘零,各色人生都看尽了,再繁华的故事也要谢幕,当一切尘埃落定,面对生命的归去,你的心中又是怎样的感受……

曾有人说:这世间除了生死,没有大事。的确,生命是承载人生的根本，生命的始末，具有重大意义。对于生死，弘一法师有着自己的一番见解。

对于死亡，弘一法师非常郑重地讲了《人生之最后》这一课题。讲述共分了六章。他将死亡分成了病重时、临终时、命终后一日、荐亡等事。这一课，是讲给众人听的，亦是弘一法师对自己生命的交代。

弘一法师曾说："当病重时，应将一切家事及自己身体悉皆放下。专心念佛，一心希冀往生西方。"他是这样说的，也这样做了。放下了自己，放下了一切，唯有佛，端坐在心中。

弘一法师在第二次去往惠安弘法时，因为居住条件差患上了风湿性溃疡，可他并未服药，之后又连续高烧，甚至四肢已经发生了溃烂，一周后，高烧渐退。病痛让他体会到了皮肉的苦痛，却让他更加坚信佛法。繁华和颓唐他今生已经看尽了，他已经在沧桑世事里浮浮沉沉经历了整个生命。人生，佛生，他曾完满地活过两度生命，今世生死，便看淡了。死亡，只是一个静默的句点，无喜无悲。

当弘一法师感觉到自己的生命将逝，遂写了一封书信，致李芳远："朽人近来病态日甚，不久当即往生极乐。犹如西山落日，殷红灿烂，瞬即西沉。故凡未圆满诸事，皆深盼仁者继成，则吾虽调，复奚憾哉！"

第7章
转世再见：零落凭谁吊

　　弘一法师又将自己的后事交给了妙莲法师，他特地叮嘱妙莲法师两件事，一是圆寂前后，看到他眼里流泪，并不是表示留恋世间，挂念亲人，而是在回忆他一生的憾事，为一种悲欣交集的情境所感；二是当护膝停顿、热度散尽时，送去火葬，身上只穿这身破旧的短衣。遗体停龛时，要用小碗四只，填龛四角，以免损害了蚂蚁的生命。

　　生死，是世间的大事，然而，在面对死亡之时，弘一法师淡然视之，却悲悯蚂蚁的生命，是一种超然的大境界。

　　《梵冈经》亦云："勿轻小罪，以为无殃；水滴虽微，渐盈大器。刹那造罪，殃堕无间；一失人身，万劫不复！"也是提醒世人要处事老实，行善造恶自有因缘果报，不可不慎！

　　《佛经》中也有记载，一名高僧知道他的小沙弥徒弟只剩七日的寿命，于是慈悲地让他回家探亲。途中，正好遇到一场大雨，小沙弥发现一群蚂蚁正努力地从积水的地方爬出，但却不断地被雨水冲回去。于是小沙弥心生怜悯，先将它们一一救出，确定安全无虞后，才继续他的旅程。七日后，小沙弥又回到寺院，师父感到非常惊讶，于是入定观察，发现原来是小沙弥的一念慈悲心，不但救了蚂蚁，也增加了自己的寿命。

　　佛是一种无量的智慧境界。每一个佛家的释子的顿悟各有不同，弘一法师对佛的觉悟，是积极的、热忱的。他没有逃避世事纷扰，反而是体恤众生苦难。救济众生成了弘一法师此生鸿愿。大悲众生之苦，愿以自己的肩膀担负众生的苦难。

八月三十日，这一整天，弘一法师什么都没有做，只是默默地念着佛号，他的人生已经功德圆满，今生往事，终于在经历了六十余载的奔走后，尘埃落定。他的心中，只剩无限平静，还有无限宏大的佛法。

九月一日上午，阳光明艳地倾泻，他为黄福海居士写了一副座右铭。又在下午的时候写下了"悲欣交集"四个字。这也成为了弘一法师的绝笔墨宝了。

"悲欣交集"因为弘一法师而广为人知，这也成为弘一法师从此生走向往生的概括。不念佛的人不会知道念佛也会起悲心，弘一法师的一悲一喜，是一种念佛见佛的境界。

九月三日，妙莲法师再次恳请弘一法师吃药，然而弘一法师还是轻轻地挥了挥手，拒绝了。他让妙莲法师为他书写遗嘱，把自己放心不下的事情都一一交代嘱咐给养老院董事会，他向董事会作四点请求："一、请董事会修台（就是将过化亭部分破损的地方修复）。二、请董事会对老人开示净土法门。三、请董事会议定：住院老人至八十岁，应举为名誉董事，不负责任。四、请董事会审定湘籍老人，因已衰老，自己虽乐为助理治囿责任，应改为庶务，以减轻其负担。"这些都是原本无关于他的养老院的一些

第7章
转世再见:零落凭谁吊

细微事。慈悲的弘一法师,在自己生命路尽时还在为其他的老人们忧虑着。

之后,弘一法师将那几封早就准备好的给几位友人的信,让妙莲法师帮着填上日期,分别邮寄给夏丏尊、刘质平、丰子恺等几位友人。

诀别信的内容大致相同,信云:"朽人已于某月某日谢世,曾赋二偈,附录于后:君子之交,其淡如水。执象而求,咫尺千里。问余何适,廓而忘言。华枝春满,天心月圆。谨达,不宣。"

九月四日,弘一法师的呼吸渐弱,妙莲法师在一旁助念诵经。不知何时,妙莲法师见弘一法师的眼角流出一滴晶莹的泪,一滴悲欣交集的泪。在泪滴落下之时,弘一法师也终于了无牵挂地上路了。他的脸上始终挂着一抹静静的微笑,那佛的笑靥,是他生命最完满的句点。

弘一法师德高众望,九月六日,上千人念诵着"南无阿弥陀佛"跟随在弘一法师的灵龛后为弘一法师送行,一种悲壮的气氛笼罩在天空之上,整齐的经声旷远而宏大。

第二年,妙莲法师在《晚晴老人生西之后种种》一文里向世人述说了大师火化时的情景:"老人于去年九月初四晚八时为灭,延至初六上午入龛去承天寺安座,至十一晚七时大众集会,诵普贤行愿品完,起赞佛偈念佛,至八时焚化(遵老人过七日后焚化遗命），至十时即化毕。四众皆见有多色猛烈之火光。十二日晨拾灵骸，装满两坛。当时拾得舍利数颗，其余碎骨炭灰等，弟均将包起收藏。事后即将灵骸遵遗命送开元承天二寺自己房内，于百日内常念地藏菩萨，随于碎骨炭灰内拣选舍利，至百日拣去碎骨炭灰三分之一，得舍利一千八百余颗，舍利块五六百颗……"

他的一生，是说不尽的传奇故事，其生其死，都充满了诗意和神秘色彩，仿佛一切都是事先设计好了的，又仿佛是演完了一场人生大戏，在人们还没有品评出韵味的时候，便卸妆收场了。

"世间无不散的筵席，无不凋谢的花朵。"

在喃喃的经声中，弘一法师将与世永寂。

后记

佛教经论中说："佛法难闻，人身难得。"因此，可以说，李叔同是幸运的。为人时，他成了艺术家；为僧时，他又成了佛法高深的弘一法师。他的一生，经历了诸多角色，他是富贵之家的骄子，他是孝顺的孩童，他是多情温婉的丈夫，他是浪漫的情种，他是温雅严厉的教师……

他的生命层层递进，演绎过诸多的传奇而精彩的故事。命运在他的人生中种下了佛的种子，正当盛年，由昔日的风流佳公子及名噪中华的名士，毅然皈依佛门，潜心修律的行为，又使多少俗家弟子，勘破迷情的生活，循着法师的人生轨迹，做了永久的解脱。当他心底的莲花绽放，便毅然放下尘世，踏入佛门。他奔走各地，积极弘法，直至生命息止。

他用一生，饱满地诠释了"悲欣交集"。这四字又留下了那么多众说纷纭、莫衷一是的解释，在他传奇而谜一般的一生中，再度涂抹上一层神秘的色彩，为后世无数景仰法师的人猜测、迷惑、感怀。